1. DAS WICHTIGSTE AUF EINEN BLICK – SCHNELLÜBERSICHT

Damit sich jeder Leser in unserem Band rasch zurechtfindet und das für ihn Interessante gleich entdeckt, hier eine Übersicht.

Im zweiten Kapitel beschreiben wir **Alina Bronskys Leben** und stellen den **zeitgeschichtlichen Hintergrund** dar:

⇨ S. 11 ff.

→ Alina Bronsky wurde 1978 im sowjetischen Swerdlowsk (heute Jekaterinburg in Russland) geboren, wanderte 1991 mit ihren Eltern nach Deutschland aus und arbeitete nach dem Abitur als Volontärin bei einer Darmstädter Zeitung.

⇨ S. 19 ff.

→ Bronsky gehört aufgrund ihrer väterlichen Herkunft zur Gruppe der jüdischen Kontingentflüchtlinge aus der ehemaligen Sowjetunion.[1] Diese Gruppe ist nach Aussagen des Bundesamtes für Migration und Flüchtlinge (BaMF) insgesamt gut in die deutsche Gesellschaft integriert, ebenso die Gruppe der deutschstämmigen (Spät-)Aussiedler aus der ehemaligen Sowjetunion, der sog. Russlanddeutschen.

→ Andere Studien zeigen indes, dass fehlende Sprachkenntnisse und geringere Ausbildungschancen wie auch Alkohol- und Drogenprobleme unter jugendlichen (Spät-)Aussiedlern nach wie vor ein großes Hindernis bei der Integration darstellen.

Im dritten Kapitel bieten wir eine **Textanalyse und -interpretation**:

---

1 Seit 1991 ist es Juden und Menschen mit jüdischen Vorfahren möglich, aus den postsowjetischen Staaten als sog. Kontingentflüchtlinge nach Deutschland überzusiedeln.

Scherbenpark – Entstehung und Quellen:

Über die Entstehung des Romans ist relativ wenig bekannt. Die seinerzeit als Werbetexterin und Redakteurin arbeitende Autorin schrieb den Roman vor allem am Feierabend. Zu Bronskys Vorbildern zählen hierzulande eher unbekannte russische Autoren, vor allem solche, die traurige Handlung und komische Erzählweisen zu verbinden verstehen. Ihre Hauptfigur, so Alina Bronsky, sei ihr noch vor der Handlung eingefallen. Vermutungen, *Scherbenpark* basiere auf autobiografischen Elementen, wies die Autorin stets zurück, erinnerte aber an ihr Zeitungsvolontariat: Das Verfassen von Gerichtsreportagen habe Einfluss auf den Roman gehabt. ⇨ S. 26 ff.

Inhalt:

Die 17-jährige Russlanddeutsche Sascha lebt mit ihren beiden Stiefgeschwistern Anton und Alissa in einem „Betonklotz" namens „Solitär", der überwiegend von Auswanderern aus Russland bewohnt wird. Seit ihr Stiefvater Vadim ihre Mutter Marina und deren neuen Freund in einem Anfall von Eifersucht erschossen hat, kümmert sich Maria, eine aus Russland angereiste Cousine Vadims, um die Kinder. Sascha träumt davon, den Tod ihrer Mutter zu rächen und Vadim zu töten, sobald er aus dem Gefängnis entlassen wird. Sie fühlt sich schuldig am Tod ihrer Mutter und zugleich verantwortlich für ihre jüngeren Geschwister. Seit der Tat ist sie voller Wut und Hass auf alle Männer. Doch dann lernt sie Volker, einen Zeitungsredakteur, der ihr Vater sein könnte, kennen und verliebt sich in ihn. Die Sache erscheint ihr aussichtslos, zumal Volkers 16-jähriger Sohn Felix sich in sie verliebt hat, und Sascha zieht sich von beiden zurück. Als sie erfährt, dass sich Vadim im Gefängnis erhängt hat und sie ihn nicht mehr töten kann, gerät sie außer sich vor Wut. Mit Steinen wirft sie die Fenster ihres Wohnblocks ein und wird schließlich von einem Bewohner selbst mit einem Stein am Kopf ⇨ S. 29 ff.

getroffen. Im Krankenhaus kommt sie schwer verletzt zu sich. Ihre Freude, dass Volker und Felix sich um sie kümmern und sich mit ihrer Familie verstehen, ist groß. Ihre Wut auf Vadim ist verflogen, und sie bricht in ein neues, von Schuld- und Verantwortungsgefühlen freies Leben auf: Sie verlässt heimlich ihre Familie sowie Volker und Felix, um nach Prag, eine Lieblingsstadt ihrer Mutter, zu reisen.

Chronologie und Schauplätze:

⇨ S. 42 ff.

Scherbenpark ist nicht in einzelne Kapitel unterteilt und wirkt daher wie aus einem Guss gefertigt. Der Roman zieht den Leser vom ersten Satz an unmittelbar in das Romangeschehen hinein. Die Haupthandlung wird weitgehend chronologisch erzählt, aber immer wieder durch eingeschobene Erinnerungsfragmente unterbrochen. Aus diesen Erinnerungen fügt sich nach und nach die tragische Vorgeschichte – die Ermordung der Mutter durch den eifersüchtigen Stiefvater – zusammen.

Wichtige Schauplätze sind eine Hochhaussiedlung („Solitär") in einer hessischen Großstadt, vermutlich Offenbach am Main, die Redaktion einer Frankfurter Zeitung sowie eine Villa in Bad Soden.

Personen:

Die Hauptpersonen sind:

⇨ S. 52 ff.

Sascha

- → die 17-jährige Ich-Erzählerin,
- → klug, begabt und zynisch,
- → fühlt sich verantwortlich für den Tod der Mutter und für ihre Geschwister,
- → ist voller Hass und hat scheinbar vor nichts Angst,
- → lernt am Ende, Gefühle und Angst zuzulassen.

Felix ➪ S. 56 f.

→ der 16-jährige Sohn von Volker Trebur,
→ ist ein wohlhabendes, aber einsames Scheidungskind,
→ verbringt seine Tage vor Computer und Fernseher,
→ trägt seine schwere Lungenkrankheit mit Fassung,
→ stellt das Gegenstück zur frühreifen, selbstständigen Sascha dar.

Volker Trebur ➪ S. 57 f.

→ ist ein gut aussehender, verständnisvoller, witziger Journalist,
→ ist als alleinerziehender Vater eines schwer kranken, pubertierenden Sohnes manchmal überfordert,
→ wird zu einer Art Ersatzvater für Sascha.

Marina ➪ S. 58 ff.

→ Saschas zur Zeit der Romanhandlung bereits ermordete Mutter,
→ war schön, klug und belesen,
→ hatte ein großes Herz und engagierte sich für andere,
→ blieb nur aus Mitleid mit ihrem gewaltbereiten Ehemann Vadim zusammen,
→ trennte sich von ihm, als Vadim die Kinder bedrohte.

Wir stellen diese Hauptpersonen und ihre Beziehungen untereinander ausführlich vor.

Stil und Sprache:

➪ S. 72 ff.

Alina Bronskys Sprache ist betont schlicht und kunstlos. Die Sätze in *Scherbenpark* sind einfach gebaut, kurz und prägnant. Hauptsätze werden aneinandergereiht, oft unter Auslassung von Wörtern oder ganzen Satzteilen, wodurch das Geschriebene der gesprochenen Alltagssprache ähnlich ist. Einen breiten Raum nehmen in dem Roman Dialoge ein. Das Romangeschehen wird strikt aus der Ich-Perspektive erzählt, viele Ausdrücke entstammen der Jugendsprache. Die kurzen, stakkatoartigen Sätze erinnern mitunter an Rap-Musik, auf die das Buch ausdrücklich Bezug nimmt.

Interpretationsansätze:

⇨ S. 79 ff.

Wir bieten einen Überblick über die folgenden Interpretationsansätze von *Scherbenpark* als:

- → Coming-of-Age-Roman,
- → ein Stück Migrantenliteratur,
- → eine komische Tragödie in der Tradition des Schelmenromans.

2. ALINA BRONSKY: LEBEN UND WERK

2.1 Biografie

Alina Bronsky (geb. 1978)

JAHR	ORT	EREIGNIS	ALTER
1978	Swerdlowsk (ehemalige Sowjetunion, heute Jekaterinburg, Russland)	2. Dezember: Geburt von Alina Bronsky (der Name ist ein Pseudonym) als Tochter einer Astronomin und eines Physikers	
1991	Deutschland	Übersiedlung. Der Vater, der jüdischer Abstammung ist, darf als sogenannter Kontingentflüchtling mit seiner Familie einreisen, ohne ein Asylverfahren durchlaufen zu müssen.	12
90er Jahre	Marburg/ Darmstadt	Besuch eines Gymnasiums und einer Gesamtschule; Abitur	
1997/98	Marburg	Alina Bronsky nimmt das Studium der Medizin auf; Abbruch des Studiums; ihre erste Tochter wird geboren.	18–19
2000 ff.	Darmstadt	Volontariat beim *Darmstädter Echo*; anschließend Werbetexterin und Redakteurin beim *Darmstädter Echo* Geburt zweier weiterer Kinder	21 ff.
2008	Köln	Alina Bronskys erster Roman *Scherbenpark* erscheint im Kölner Verlag Kiepenheuer & Witsch.	29
2010	Köln	Der Roman *Die schärfsten Gerichte der tatarischen Küche* erscheint bei Kiepenheuer & Witsch.	31
2011	Würzburg	Der Arena Verlag veröffentlicht Bronskys fantastischen Jugendroman *Spiegelkind*.	32

JAHR	ORT	EREIGNIS	ALTER
2012	Walliser Alpen (Schweiz) Würzburg	Januar: Der Vater ihrer drei Kinder verunglückt tödlich. Der Jugendroman *Spiegelriss*, die Fortsetzung von *Spiegelkind*, erscheint im Arena Verlag.	33
2013	Köln Frankfurt a. M. Berlin	Kiepenheuer & Witsch veröffentlicht Alina Bronskys Roman *Nenn mich einfach Superheld.* Das Hansische Druck- und Verlagshaus veröffentlicht das Kinderbuch *Mamas Liebling. Alina Bronsky und Kitty Kahane erzählen eine Geschichte von Jakob und Esau.* Geburt des vierten Kindes. Der Vater und ihr Lebensgefährte ist der bekannte Schauspieler Ulrich Noethen, den Alina Bronsky bei Dreharbeiten zu der Verfilmung von *Scherbenpark* kennengelernt hat.	34
2015	Köln	Alina Bronskys Roman *Baba Dunjas letzte Liebe,* der in Tschernobyl spielt, erscheint bei Kiepenheuer & Witsch.	36
2016	München	Im Verlag DVA erscheint das gemeinsam mit Denise Wilk geschriebene gesellschaftskritische Buch *Die Abschaffung der Mutter. Kontrolliert, manipuliert und abkassiert – warum es so nicht weitergehen darf.*	37

Pseudonym

Über Alina Bronskys Biografie findet man nur **wenig gesicherte Daten**. In Interviews gibt sich die öffentlichkeitsscheue Autorin stets verschlossen. Sie tritt nur unter ihrem Künstlerpseudonym auf, ihren richtigen Namen verrät sie nicht – auch um ihr Privatleben und ihre Familie vor der Öffentlichkeit zu schützen. Das Pseudonym sei ihr „buchstäblich im Traum eingefallen“[2], erklärte sie einmal, sie habe sofort gedacht, da lasse sich viel hineininterpretieren, da sei der Vorname ihrer Mutter drin, aber auch „Bronski Beat“ (eine Popband der 80er-Jahre) und die Bronx (New Yorker Armenstadtteil). Dass der Name zugleich russisch klingt, ist kein Zufall: „Mein Pseudonym sollte schön klingen. Und es sollte deutlich machen, dass ich eine Autorin mit Migrationshintergrund bin.“[3]

Auch Genaueres über ihre Jugend- und Schulzeit ist nicht bekannt. Fest steht nur, dass sie nach dem Abbruch ihres Medizinstudiums eine Zeit lang als Volontärin in einer Zeitungsredaktion arbeitete. Seit einigen Jahren lebt sie mit ihren vier Kindern und ihrem Lebensgefährten, dem Schauspieler Ulrich Noethen, in Berlin. Russland hat sie nie wiedergesehen, aber sie hält telefonischen Kontakt mit der Großmutter sowie anderen Verwandten.

2 Gruber; Internetquelle siehe Literaturverzeichnis.
3 Schmidt, S. 15.

2.2 Zeitgeschichtlicher Hintergrund

ZUSAMMEN-FASSUNG

Wichtig für das Verständnis von Alina Bronskys *Scherbenpark* sind

→ die Geschichte der Russlanddeutschen,
→ die Nachwendezeit und die 90er-Jahre,
→ die Situation der Aussiedler in der Bundesrepublik.

Geschichte der Russlanddeutschen

Besiedlung des Russischen Reiches

Die Geschichte der Russlanddeutschen reicht bis ins 18. Jahrhundert zurück. Nach ihrem Amtsantritt 1762 begann Zarin Katharina II. in Nord- und Mitteleuropa gezielt um Ausländer zu werben, die bei der Besiedlung des riesigen, zu großen Teilen immer noch unerschlossenen Russischen Reiches gebraucht wurden. Vor allem Bauern sollten sich in den dünn besiedelten, aber landwirtschaftlich nutzbaren Gebieten an der Wolga niederlassen. An Auswanderung Interessierten versprach die Zarin eine Reihe von Privilegien, vom Recht auf freie Religionsausübung und Steuervergünstigungen über Befreiung vom Militärdienst bis hin zu lokaler Selbstverwaltung und dem Erhalt der eigenen Sprache. Hinzu kamen günstige Kredite, mit denen sich die Neuankömmlinge Häuser bauen und Vieh anschaffen konnten. Trotz dieser Anreize kam es zunächst kaum zu einer nennenswerten Einwanderung Deutscher nach Russland.

Die erste Auswanderungswelle

Erst als die russische Regierung professionelle Makler einsetzte, die gezielt deutsche Familien aussuchten, wuchs die Zahl der Siedler. Insbesondere nach dem Ende des Siebenjährigen Krieges (1756–63) hofften viele Menschen aus den am schwersten von Zerstörung betroffenen Gebieten Nordbayerns, Badens und Hessens auf einen Neuanfang in Russland. Im Zuge der **ersten großen Auswanderungswelle** verließen rund 30.000 Menschen ihre Heimat und ließen sich an der Wolga nieder. Doch die Erwartungen der rund 25.000 Deutschen, die die Strapazen der langen Reise überlebten, wurden bitter enttäuscht. Die Bedingungen, die sie an der Wolga bei Saratow vorfanden, waren alles andere als günstig: Weder war das Gebiet an die großen Verkehrswege angeschlossen, noch wurden ihnen wie versprochen Baumaterialien gestellt. Nicht nur Armut und Missernten, auch Überfälle einheimischer nomadisierender Kalmücken- und Kirgisenstämme, Schädlingsbefall und Seuchen prägten **das Leben der ersten Siedler in den Wolgakolonien**. Unter den Einwanderern herrschte große Existenzangst; die paradiesischen Zustände, die man ihnen versprochen hatte, fanden sie mitnichten vor. Das sprach sich herum. Die Folge war eine deutliche Abnahme der deutschen Einwanderung nach Russland in folgenden beiden Jahrzehnten.

Die zweite Auswanderungswelle

Erst unter Katharinas Nachfolgern, den Zaren Paul I. und Alexander I., nahm die Einwanderung wieder zu. Nach dem Sieg Russlands in den Türkenkriegen fiel dem Reich das Gebiet **rund um die nördliche Schwarzmeerküste** zu, das landwirtschaftlich genutzt und bewirtschaftet werden sollte. Rumänen, Griechen und Deutsche, insbesondere Lutheraner aus Westpreußen und Danzig, sowie religiöse Minderheiten, die auf materiellen Wohlstand und freie Ausübung ihrer Religion hofften, siedelten sich zwischen den Flüssen Dnjestr und Don an. Auch auf der Halbinsel Krim, in Bessarabien und nahe dem kaukasischen Tiflis entstanden deutsche Kolonien, in denen neben der landwirtschaftlichen Produktion auch eine bedeutende Textil- und Maschinenindustrie entstand.

In den Schwarzmeergebieten fanden die Siedler bessere Bedingungen vor als an der Wolga, und schon bald entwickelte sich hier ein gewisser Wohlstand. Um 1860, hundert Jahre nach der ersten großen Einwanderungswelle, lebten allein an der Schwarzmeerküste 140.000 Menschen deutscher Herkunft, im gesamten Russischen Reich waren es rund 900.000.[4] Als neue Siedlungsgebiete waren inzwischen polnische Gebiete unter russischer Verwaltung, Wolhynien (in der heutigen Ukraine) und das Baltikum hinzugekommen. Selbst in Sibirien und im Fernen Osten am Amur entstanden deutsche Kolonien.

Bewahrung von Traditionen

Die deutschen Siedler in Russland bewahrten über Jahrhunderte die Sitten und Gebräuche ihrer alten Heimat und pflegten auch die deutsche Sprache, was immer wieder zu Konflikten führte. 1901 beklagte sich etwa Großfürst Sergej, Kommandeur des Moskauer Militärbezirks, die deutschen Kolonisten zeichneten sich durch „völlige Unkenntnis der russischen Sprache“[5] aus. Zu Beginn des Ersten Weltkrieges gerieten sie kollektiv in den Verdacht, als Spione und Saboteure gegen das Russische Reich und für Deutschland zu kämpfen. Das Schlagwort vom „inneren Deutschen“, der nur nach außen vorgab, für Russland zu sein, in seinem Herzen aber Deutscher war, machte die Runde. 1915 kam es zu einem Pogrom gegen Deutsche, bei dem in Moskau eine aufgestachelte Menge deutsche Geschäfte und Wohnungen plünderte.

Zwangskollektivierung

Nach der Revolution im Jahr 1917 traf die Zwangskollektivierung in der Landwirtschaft auch die deutschen Bauern hart. Viele wurden enteignet und deportiert oder fielen Hungersnöten zum Opfer. Im Zweiten Weltkrieg wurden Russlanddeutsche abermals verdächtigt, als Agenten für Deutschland tätig zu sein. Zwischen 1941 und 1945 wurden aufgrund eines Erlasses anderthalb Millionen Russlanddeutsche von der Wolga, dem Baltikum und aus

---

4 Schneider, S. 1.

5 Zitiert nach: Dalos, Internetquelle siehe Literaturverzeichnis.

der Ukraine unter anderem nach Sibirien und Kasachstan umgesiedelt und viele von ihnen ab 1942 auch zum Arbeitsdienst gezwungen.

Nach 1945

Nach dem Ende des Zweiten Weltkrieges kam die Sowjetunion der Bundesrepublik Deutschland in der Frage der Russlanddeutschen nur zögerlich entgegen. Immerhin erreichte Kanzler Konrad Adenauer 1955 bei seinem Besuch in Moskau, dass verbannte Russlanddeutsche in Ausnahmefällen nach Deutschland auswandern durften. 1964 kam es zu einer Revision des Deportationserlasses von 1941, in der die Sowjetführung von der pauschalen Beschuldigung der Russlanddeutschen Abstand nahm. Zugleich aber wurde die Verwurzelung der damals verbannten Deutschstämmigen in ihren neuen Wohnorten hervorgehoben – und damit eine Rückkehr an die Wolga ausgeschlossen. Die in der Sowjetunion verbliebenen Deutschen bildeten eine rechtlich diskriminierte soziale Randgruppe. Bis in die 60er-Jahre durften sie in der Öffentlichkeit nicht deutsch sprechen; die Bindung an die deutsche Sprache wie auch andere kulturelle Traditionen gingen unter dem allgemeinen Anpassungsdruck verloren.

Rehabilitation der Sowjetdeutschen

Unter Michail Gorbatschows Regierung stießen die Forderungen der sowjetischen Deutschen auf eine breitere Öffentlichkeit. 1989 verurteilte der Oberste Sowjet die Zwangsumsiedlung und stimmte für eine vollständige Rehabilitation der Sowjetdeutschen. Da ihre Rückkehr in die ehemaligen Siedlungsgebiete an der Wolga jedoch nicht zur Rede stand, wanderten die meisten nach der „Wende“ nach Deutschland aus.

Die Aussiedler

Bis 2014 stellten deutsche „Volkszugehörige“ sowie ihre Angehörigen, die sie bei der Aussiedlung begleitet haben, aus den Staaten der ehemaligen Sowjetunion und anderen osteuropäischen Staaten –

sogenannte „Aussiedler“, ab 1993 „Spätaussiedler“ genannt[6] – die größte Gruppe unter den Einwanderern nach Deutschland dar. Nach einer Definition des Bundesinnenministeriums handelt es sich dabei um

Aussiedler und Spätaussiedler

> „Personen deutscher Herkunft, die in Ost- und Südosteuropa sowie in der Sowjetunion unter den Folgen des Zweiten Weltkrieges gelitten haben. Sie wurden aufgrund ihrer deutschen Volkszugehörigkeit massiv verfolgt und noch Jahrzehnte nach Kriegsende zum Teil erheblich benachteiligt.“[7]

Bundesvertriebenengesetz

Die gesetzliche Grundlage für die Aufnahme von Aussiedlern ist das Bundesvertriebenengesetz, das 1953 in Kraft trat. Mit der Anerkennung als Aussiedler erhalten die deutschstämmigen Zugewanderten sowie deren Abkömmlinge und Ehepartner auch anderer Volkszugehörigkeit automatisch die deutsche Staatsangehörigkeit. Entscheidend dabei ist ein Nachweis der deutschen Volkszugehörigkeit, die das Bundesvertriebenengesetz folgendermaßen definiert:

> „Deutscher Volkszugehöriger im Sinne dieses Gesetzes ist, wer sich in seiner Heimat zum deutschen Volkstum bekannt hat, sofern dieses Bekenntnis durch bestimmte Merkmale wie Abstammung, Sprache, Erziehung, Kultur bestätigt wird.“[8]

4,5 Millionen Aussiedler bis 2012

Nach Angaben des Bundesamtes für Migration und Flüchtlinge (BaMF) zogen von 1950, dem Beginn der Aussiedleraufnahme, bis

---

6 Der Einfachheit halber werden beide Gruppen im Folgenden unter dem Begriff „Aussiedler“ zusammengefasst.

7 Zitiert nach: Bund/Worbs u. a., S. 18.

8 Zitiert nach: ebd., S. 21 f.

2012 insgesamt fast 4,5 Millionen Aussiedler samt Familienangehörigen nach Deutschland. Kamen Aussiedler in den 70er- und 80er-Jahren überwiegend aus Polen und Rumänien, so änderte sich das, nachdem die Sowjetunion sich von ihrer restriktiven Emigrationspolitik verabschiedet hatte. 1990 überstieg die Zahl der Aussiedler aus der Sowjetunion erstmals die Zahl derjenigen aus anderen osteuropäischen Staaten. Seit 1993 stammen über 90 Prozent der Aussiedler aus der ehemaligen Sowjetunion, vor allem aus Russland und Kasachstan.[9] Insgesamt ging ihre Zahl seit Mitte der 90er indes stetig zurück, was vor allem auf die im Mai 1996 eingeführte Prüfung der deutschen Sprachkenntnisse zurückzuführen ist. Da die Deutschen in der ehemaligen Sowjetunion kaum noch über deutsche Sprachkenntnisse verfügen, scheitern rund 30 % der Ausreisewilligen am Sprachtest und verlieren somit das Anrecht auf Zuwanderung nach Deutschland. 2011 lebten nach Angaben des Statistischen Bundesamtes immerhin rund 3,2 Millionen Aussiedler und mit ihnen eingereiste Angehörige im Bundesgebiet.[10]

Integration der Aussiedler

Gute Integration

Insgesamt bescheinigt das BaMF der Bevölkerungsgruppe der Aussiedler, sie seien „gut integriert“.[11] Im Hinblick auf ihre schulischen und beruflichen Qualifikationen zeigten Aussiedler und ihre Nachkommen eine „relativ vorteilhafte Struktur“, wobei der Anteil an Abiturienten und Akademikern etwas unterdurchschnittlich ausfalle. Gerade bei der jüngeren Generation und insbesondere bei den Frauen sei aber ein klarer Trend zu höheren Bildungsabschlüssen

---

9 Vgl. Dietz/Rolls, S. 18.
10 Bund/Worbs u. a., S. 7.
11 Ebd., S. 6.

erkennbar. Unter den Aussiedlern herrsche relativ selten Arbeitslosigkeit, die meisten von ihnen seien Facharbeiter bzw. Arbeiter im produzierenden Gewerbe. Insbesondere die Älteren, aber auch Kinder und Jugendliche aus Aussiedlerfamilien sind nach Erkenntnissen des BaMF jedoch verstärkt von Armut bedroht.[12]

Fehlende Sprachkenntnisse, soziale Isolation

Während das Urteil des Bundesamtes über die Integration der Aussiedler recht günstig ausfällt, sprechen andere Studien von „alarmierenden Schwierigkeiten der jugendlichen Aussiedler bei der Integration in die deutsche Gesellschaft". Durch fehlende Sprachkenntnisse, geringere Chancen auf Ausbildungsplätze als einheimische Jugendliche, Arbeitslosigkeit und soziale Isolation wie auch Alkohol- und Drogenprobleme laufe die junge Aussiedlergeneration Gefahr, „den Anschluss an eine adäquate schulische und berufliche Ausbildung zu verpassen und gesellschaftlich ins Abseits zu geraten"[13].

Auf Identitätsschwierigkeiten führt die Moskauer Wissenschaftlerin Maria Savoskul die mangelnde Integration der Russlanddeutschen in ihrer neuen Heimat zurück:

> „Russlanddeutsche (...) stehen zwischen zwei Welten, identifizieren sich aber mit keiner von ihnen in vollem Umfang. Ihre Identität wird durch das Negativpronomen ‚kein' bestimmt: Sie waren ‚keine Russen' in Russland, und sie sind jetzt ‚keine Deutschen' in Deutschland".[14]

---

12 Vgl. ebd., S. 7 f.
13 Dietz/Roll, S. 11.
14 Savoskul, S. 209.

Exkurs: Kontingentflüchtlinge

Alina Bronsky zählt nicht zur Gruppe der Aussiedler, sondern zu der der Kontingentflüchtlinge. Bronskys Vater ist jüdischer Abstammung und reiste zusammen mit seiner Familie 1991 nach Deutschland ein: Seit 1991 ist es Juden und Menschen mit jüdischen Vorfahren möglich, aus den postsowjetischen Staaten als sog. Kontingentflüchtlinge nach Deutschland überzusiedeln. Hinsichtlich der Berufsstruktur unterscheiden sich nach Angaben des BaMF „jüdische Zuwanderer (...) von Spätaussiedlern und der deutschen Allgemeinbevölkerung. Denn sie weisen ein überdurchschnittlich hohes Niveau der Bildungs- und Berufsqualifikation auf. Ein sehr hoher Anteil im erwerbsfähigen Alter hat einen wissenschaftlichen Beruf erlernt und im Herkunftsland ausgeübt."[15] Bezogen auf den Anteil an Zuwanderern aus den postsowjetischen Staaten nach Deutschland stellen die Kontingentflüchtlinge die weitaus kleinere Gruppe: Laut BaMF sind im Zeitraum zwischen 1991 und 2004 insgesamt 219.604 jüdische Zuwanderer und rund 1,9 Millionen (Spät-) Aussiedler nach Deutschland gekommen.

---

15 http://www.bamf.de/SharedDocs/Anlagen/DE/Publikationen/WorkingPapers/wp08-merkmale-juedische-zuwanderer.html (Stand August 2016).

2.3 Angaben und Erläuterungen zu wesentlichen Werken

ZUSAMMEN-FASSUNG

Seit ihrem Debüt 2008 hat die deutsch-russische Autorin bereits ein umfangreiches Werk aus Romanen, Kinder- und Jugendbüchern sowie einen Sach-Essay veröffentlicht:

→ *Scherbenpark* (Roman, 2008)
→ *Die schärfsten Gerichte der tatarischen Küche* (Roman, 2010)
→ *Spiegelkind* (Jugendbuch, 2011)
→ *Spiegelriss* (Jugendbuch, 2012)
→ *Mamas Liebling* (Kinderbuch, zusammen mit Kitty Kahane 2013)
→ *Nenn mich einfach Superheld* (Roman, 2013)
→ *Baba Dunjas letzte Liebe* (Roman, 2015)
→ *Die Abschaffung der Mutter* (Essay, zusammen mit Denise Wilk 2016)

Konflikt zwischen Kulturen und Generationen

Alina Bronsky zählt zu jenen Autoren, die viel und schnell schreiben und praktisch jedes Jahr ein neues Buch auf den Markt bringen. Auf ihren erfolgreichen Debütroman *Scherbenpark* folgte rasch das nächste Buch: ***Die schärfsten Gerichte der tatarischen Küche***, das im Sommer 2010 ebenfalls bei Kiepenheuer & Witsch erschien und für den Deutschen Buchpreis nominiert wurde. Im Zentrum dieses Romans stehen drei Frauen einer Familie: eine tatarische Großmutter, ihre in der Sowjetunion sozialisierte Tochter und die in Deutschland aufgewachsene Enkelin. Auch das zweite Buch Alina Bronskys behandelt den Konflikt zwischen den Kulturen und Generationen. Die eigensinnige Großmutter, immun gegen jede Art von

Integrationsbemühungen, repräsentiert die erste Generation von Einwanderern, während ihre Tochter und die Enkelin schneller, als es ihr recht ist, im Westen angekommen sind.

Wechsel ins Fantasy-Genre

Mit ihrem nächsten Roman ***Spiegelkind***, der 2011 im Kinder- und Jugendbuchverlag Arena erschien, wechselte Alina Bronsky ins **Fantasy-Genre**. In der Tradition von J. K. Rowlings *Harry Potter* und Cornelia Funkes *Tintenwelt* erzählt *Spiegelkind* von einem fünfzehnjährigen Mädchen, das über die gemalten Bilder ihrer spurlos verschwundenen Mutter in eine andere Welt mit eigenen Gesetzen gelangt, wo sie nach und nach das Geheimnis ihrer Familie aufdeckt. 2012 folgte mit ***Spiegelriss*** die Fortsetzung dieser Geschichte, an der nicht zuletzt die **erzählerische Radikalität und die desillusionierte Perspektive** gelobt wurden, durch die der Roman sich von der Flut der Jugend-Fantasyromane abhebe.[16]

2013 veröffentlichte Alina Bronsky – nun wieder bei Kiepenheuer & Witsch – ***Nenn mich einfach Superheld***, einen Roman über einen Jungen, der nach einer Kampfhundattacke sein Gesicht verloren und eigentlich schon mit dem Leben abgeschlossen hat. Die Selbsthilfegruppe, in die er wider Willen gerät und die er zunächst ablehnt, erweist sich als große Chance: Im Kreis der anderen versehrten Jugendlichen vergisst er allmählich seinen Weltschmerz und lernt wieder zu leben. Wie in *Scherbenpark* ist der Protagonist dieses Romans ein lebenskluger Teenager, der seine Umwelt mit viel Witz und schwarzem Humor betrachtet. Wie im Debütroman steht eine bunte, chaotische Patchworkfamilie im Zentrum. Und wieder ist Alina Bronskys Absicht zu spüren, **eine tragische Geschichte auf humorvolle Weise zu erzählen**.

Bunte, chaotische Patchworkfamilie

---

16 Vgl. Spreckelsen, Internetquelle siehe Literaturverzeichnis.

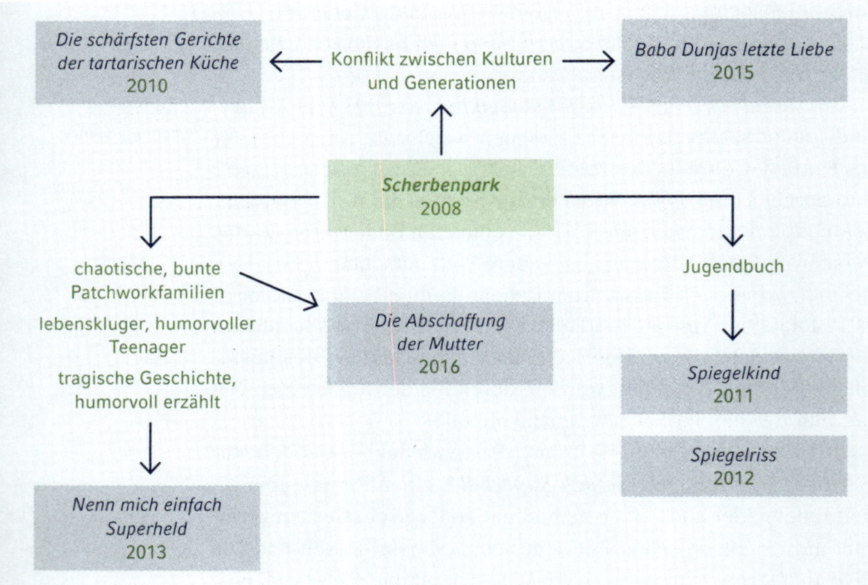

Tschernobyl-Heimkehrerin

Mit dem 2015 erschienenen und ebenfalls für den Deutschen Buchpreis nominierten Roman ***Baba Dunjas letzte Liebe*** wechselte Alina Bronsky den Schauplatz: Ort des Geschehens ist das fiktive Dorf Tschernowo, in dem nach einem Reaktor-Unglück nur noch wenige alte Leute leben. Mit über 80 Jahren kehrt Großmutter Dunja, die nichts mehr zu verlieren hat, aus der Flüchtlingssiedlung in ihr verstrahltes Heimatdorf zurück, um dort die letzten Jahre selbstbestimmt und in Freiheit zu leben.

Plädoyer für Mutterschaft

Eine Mediendebatte über das Muttersein löste Alina Bronsky zuletzt mit dem Sachbuch ***Die Abschaffung der Mutter*** aus, das sie im Frühjahr 2016 zusammen mit Denise Wilk veröffentlichte. Darin beklagen die beiden Autorinnen, Berufstätigkeit genieße ein höheres Ansehen als Mutterschaft, und plädieren für eine Anerkennung von Müttern, die lieber Hausfrauen sind.

3. TEXTANALYSE UND -INTERPRETATION

3.1 Entstehung und Quellen

ZUSAMMENFASSUNG

Alina Bronsky verarbeitete in ihrem Roman eigene Erfahrungen, die sie als Einwanderin aus Russland in Deutschland machte. Dennoch ist *Scherbenpark* kein autobiografischer Roman. Einen gewissen Einfluss übten die Gerichtsreportagen aus, die Bronsky während ihres Volontariats bei einer Zeitung schrieb.

→ 2008: Alina Bronsky schreibt in wenigen Monaten ihren Debütroman.

→ 2008: Die Autorin liest beim Ingeborg-Bachmann-Wettbewerb daraus vor.

→ 2008: Der Verlag Kiepenheuer & Witsch veröffentlicht den Roman als Spitzentitel.

Ingeborg-Bachmann-Wettbewerb 2008

Alina Bronsky schrieb ihren ersten Roman *Scherbenpark* in wenigen Monaten, nach eigener Aussage vor allem nachts, wenn ihre drei Kinder schliefen.[17] Die Autorin bot ihr Manuskript per E-Mail drei Lektoren an; zwei davon wollten es veröffentlichen, darunter auch der Lektor des Kölner Verlages Kiepenheuer & Witsch. Er zeigte sich von dem Debüt begeistert und machte der damals noch unbekannten jungen Autorin ein Vertragsangebot. Im Sommer 2008 las Alina Bronsky auf Vorschlag des Literaturkritikers Ijoma Mangold beim Klagenfurter Ingeborg-Bachmann-Wettbewerb, dem wichtigsten Literaturwettbewerb im deutschsprachigen Raum, Aus-

17 Vgl. Gruber, Internetquelle siehe Literaturverzeichnis.

züge aus dem noch unveröffentlichten Manuskript vor und erntete von der Jury überwiegend Kritik. Die Autorin überraschte das nicht: „Mir ist erst nach meiner Nominierung klar geworden, dass ich für den Bachmann-Wettbewerb die falsche Besetzung bin.“ Um bei der Klagenfurter Jury anzukommen, müsse man „hochliterarisch schreiben, sehr ernst, sehr mit sich selbst beschäftigt.“[18] Genau das aber biete ihr Buch nicht, es sei Unterhaltungsliteratur. Das Buch erschien im Herbst desselben Jahres beim Verlag Kiepenheuer & Witsch als Spitzentitel und wurde zum Bestseller.

Über die Entstehung von Alina Bronskys *Scherbenpark* ist wenig bekannt. Schreiben bedeute für sie ein „ganz, ganz großes Vergnügen“[19], sagte sie einmal in einem Online-Interview mit ihrem Verlag. Als literarische Vorbilder nannte sie einige russische Autoren, die hierzulande unbekannt seien und einen knappen, präzisen Stil pflegten. Sie bewundere auch Schriftsteller, die es schafften, „eine eigentlich traurige Handlung komisch und lebensfroh zu erzählen“[20], wie etwa Irene Dische. Gefragt nach dem Ursprung ihrer Hauptfigur Sascha, erklärte die Autorin bei anderer Gelegenheit:

Traurige Handlung komisch erzählt

> „Sie war auf einmal da. Und dann sagte sie, schreib' was über mich. Also es ist wirklich so, dass die Person der Sascha vor der eigentlichen Handlung da war, zuerst wollte ich eine Romeo-und-Julia-Geschichte schreiben über ein Pärchen aus zwei verschiedenen Welten. Es hat sich dann doch etwas anders entwickelt, ist aber, glaube ich, auch gut so.“[21]

---

18 Zitiert nach: Höbel, Internetquelle siehe Literaturverzeichnis.

19 Bronsky im Interview mit ihrem Verlag, abrufbar unter: http://www.kiwi-verlag.de/autoren/interviews/im-interview-alina-bronsky.html?s=bronsky (Stand: August 2016).

20 Ebd.

21 Zitiert nach: Deistler, Internetquelle siehe Literaturverzeichnis.

Autobiografischer Hintergrund?

Auch zu Vermutungen eines autobiografischen Hintergrunds äußerte sich Alina Bronsky nur vage:

> „Es ist ja wie bei jedem literarischen Werk eine Mischung aus Erlebtem und Gelesenem und Gehörtem und ganz viel Ausgedachtem. Es ist auch schwer, nachträglich diese Anteile zu trennen, es gibt sicherlich Erlebnisse, die ich hab einfließen lassen, aber es ist auf keinen Fall eine Autobiografie; das ist ein Roman mit einer fiktiven Figur."[22]

Journalistische Ausbildung

An anderer Stelle sagte die Autorin, sie habe während ihres Zeitungsvolontariats oft Gerichtsreportagen geschrieben. Erst im Nachhinein habe sie gemerkt, dass das Einfluss auf ihren Roman gehabt habe, der auch von einem klassischen Eifersuchtsdrama handele.[23] Tatsächlich nimmt die Darstellung der Beziehung zwischen Vadim und Saschas Mutter, die stark von Gewalt und Eifersucht geprägt ist, in Alina Bronskys Roman einen großen Raum ein.

---

22 Ebd.

23 Vgl. Gruber, Internetquelle siehe Literaturverzeichnis.

3.2 Inhaltsangabe

ZUSAMMEN-FASSUNG

Die siebzehnjährige Russlanddeutsche Sascha lebt mit ihren beiden Halbgeschwistern Anton und Alissa in einem heruntergekommenen Wohnblock namens Solitär, der überwiegend von Auswanderern aus Russland bewohnt wird. Seit Saschas Stiefvater Vadim ihre Mutter und deren neuen Freund in einem Anfall von Eifersucht erschossen hat, kümmert sich Maria, eine aus Russland angereiste Cousine Vadims, um die Kinder. Sascha träumt davon, den Tod ihrer Mutter zu rächen und Vadim zu töten, sobald er aus dem Gefängnis entlassen wird. Sie fühlt sich schuldig für ihren Tod und zugleich verantwortlich für die jüngeren Geschwister. Seit der blutigen Tat ist sie voller Wut und Hass auf alle Männer. Doch dann lernt sie Volker, einen Zeitungsredakteur um die 40, kennen und verliebt sich in ihn. Die Sache erscheint ihr aussichtslos, zumal Volkers Sohn Felix sich in sie verliebt hat, und Sascha zieht sich von beiden zurück. Als sie erfährt, dass Vadim sich im Gefängnis erhängt hat und sie ihn nicht mehr töten kann, gerät sie außer sich vor Wut. Mit Steinen wirft sie die Fenster ihres Wohnblocks ein und wird schließlich von einem Bewohner selbst am Kopf getroffen. Im Krankenhaus kommt sie schwer verletzt zu sich. Ihre Freude, dass sich Volker und Felix um sie kümmern und mit ihrer Familie verstehen, ist groß. Ihre Wut auf Vadim ist verflogen, und sie bricht in ein neues, von Schuld- und Verantwortungsgefühlen freies Leben auf. Ohne sich zu verabschieden, macht sie sich auf den Weg nach Prag, einer Lieblingsstadt ihrer Mutter.

Die doppelte Außenseiterin Sascha (S. 9–19)

Die 17-jährige Alexandra Naimann, von allen nur Sascha genannt, hat zwei Träume: Sie möchte ihren Stiefvater Vadim, den Ex-Mann und Mörder ihrer Mutter, töten, und sie möchte ein Buch über ihre Mutter schreiben. Mit diesen Träumen steht sie so ziemlich alleine da. Die Jugendlichen aus ihrem Wohnblock, einem „Betonklotz" (S. 10) namens Solitär, in dem vor allem Auswanderer aus Russland leben, träumen von anderen Dingen: die Mädchen von reichen Männern, die Jungen von schicken Blondinen und schnellen Autos. Auch auf dem privaten katholischen Gymnasium, das Sascha aufgrund ihrer schulischen Leistungen besuchen darf, ist sie eine Außenseiterin. Die meisten Mitschüler stammen aus gutbürgerlichen, wohlhabenden Familien, außer ihr gibt es in dieser Schule keine Kinder „mit Migrationshintergrund" (S. 14).

Der Mord an Saschas Mutter und ihrem neuen Freund (S. 19–47)

Saschas Männerhass

Seit Vadim ihre Mutter Marina und deren Freund Harry in einem Anfall von Eifersucht erschossen hat, hasst Sascha die Männer. Dass es auch gute Männer gibt, kann sie sich nicht vorstellen, ihr Motto lautet: „Ich bin mir selber ein Mann." (S. 19) In ihren Plan, Vadim umzubringen, hat Sascha nur ihren jüngeren Halbbruder Anton, Vadims Sohn, eingeweiht, doch sitzt der Mörder ihrer Mutter ja noch für viele Jahre im Gefängnis. Einstweilen tut Sascha alles, um Anton in der rauen Welt des Solitärs zu beschützen, bis hin zu Handgreiflichkeiten. Der Neunjährige selbst ist traumatisiert; er stottert und macht ins Bett.

Die dramatische Vorgeschichte

Nach der Tat vor „fast zwei Jahren" (S. 27) haben sich die Zeitungen auf die überlebenden Kinder gestürzt. Nach dem Tod der Mutter hat Sascha und ihren Halbgeschwistern Anton und Alissa zunächst die Unterbringung im Heim oder in Pflegefamilien gedroht. Doch dann ist Maria, eine Cousine Vadims, aus Nowosibirsk gekom-

Hat als Einzige im Solitär noch Träume: die 17-jährige Sascha (Jasna Fritzi Bauer) in einer Szene der Romanverfilmung *Scherbenpark* © picture alliance / dpa

men, um für die Kinder zu sorgen. Vor allem die knapp vierjährige Alissa hat in Maria eine Ersatzmutter gefunden. Sascha dagegen verspürt nur Verachtung gegenüber der ungebildeten Russin, die kaum Deutsch kann und bei den einfachsten Alltagserledigungen auf die Hilfe des Mädchens angewiesen ist.

Bei Hans und Ingrid

Auch Hans und Ingrid, die Eltern des zweiten Mordopfers Harry, die Sascha gelegentlich in ihrem schönen Haus mit dem verwilderten Garten besucht, stehen noch immer unter Schock. Das ebenso freundliche wie naive deutsche Ehepaar hat die Beziehung ihres einzigen Sohnes mit der sieben Jahre älteren russlanddeutschen Frau und Mutter dreier Kinder gebilligt. Anton und Alissa haben

Harry, den netten, fürsorglichen Deutschen, geliebt, aber aus Saschas Sicht ist „die große Liebe ihrer Mutter" (S. 36) ein Versager gewesen, ein „Ausbund an Hilflosigkeit" (S. 37). Nun ist Harry tot, Opfer einer Eifersuchtstat, und nur noch die vielen Fotos an der Wand in seinem Elternhaus erinnern an ihn. Wenn sie in dieser behüteten Umgebung aufgewachsen wäre, geht es Sascha durch den Kopf, als sie mit Hans und Ingrid am Kaffeetisch sitzt, wäre sie vielleicht eine andere geworden: „Ich wäre zum Siegen geboren und müsste mich nicht so verzweifelt abstrampeln, um allen zu beweisen, dass ich auch wer bin. (...) Ich *wäre* wer." (S. 42) In einer ruhigen Minute vertraut sie Hans ihren Plan, Vadim zu töten, an, aber Hans ist seit dem Tod des Sohnes stark gealtert und bekommt nicht mehr viel mit. Ingrid überschüttet Sascha zwar mit Freundlichkeiten, Geld und Kuchen, doch eine wirkliche Nähe stellt sich zwischen den beiden nicht ein.

Saschas Wut und Schuldgefühle (S. 48–65)

Erinnerungen an die Mutter

Auf dem Rückweg in der Straßenbahn ergeht sich Sascha in Gewalt- und Rachefantasien. Noch am selben Abend setzt sie sich hin, um endlich wenigstens ihren zweiten Traum wahr zu machen: über ihre Mutter zu schreiben. Ihr Kopf ist voll von Erinnerungen an sie. Immer noch ist Sascha wütend auf die Mutter, weil diese sich nicht gegen die Angriffe Vadims zur Wehr gesetzt hat. Sie wirft ihr vor, sie habe sich schlecht behandeln lassen und ihrem Mann immer wieder geholfen, wenn er sie darum gebeten hat. Mit Engelsgeduld habe sie sein Schreien und seine Hasstiraden gegen alles und jeden erduldet. Gleichmütig habe sie sich als Rabenmutter und Schlampe beschimpfen lassen, die lieber lese und Theater spiele, als sich um den Haushalt zu kümmern. Während Vadim den ganzen Tag vor dem Fernseher gehangen hat und sich von vorn bis hinten bedienen lassen hat, hat sie, die Mutter, versucht, mit kleinen Jobs wenigstens ein bisschen Geld zu verdienen – alles nur aus Mitleid mit diesem Nichtsnutz. Anstatt sich selbst zu retten, hat sie darüber nachgedacht, wie sie *ihn* retten könnte. Nur wenn er seinen Zorn gegen die Kinder gerichtet hat, ist die Mutter wütend geworden und hat Vadim mit Scheidung gedroht. Dabei hat die Mutter nicht einmal geahnt, dass Vadim heimlich Sascha nachgestellt hat. Das Mädchen hat sich allerdings erfolgreich gewehrt. Hätte sie sich damals bloß der Mutter anvertraut, dann wäre es gar nicht so weit gekommen! Dann würde ihre Mutter heute vielleicht noch leben. Aber Sascha hat damals geschwiegen, und nun fühlt sie sich mitschuldig am Tod ihrer Mutter. Sascha tippt ein paar Sätze in den Computer, doch am Ende löscht sie alles wieder.

Falsches Verständnis

Am nächsten Morgen joggt Sascha ein paar Mal um den Block, um ihren Schmerz loszuwerden. Am Kiosk entdeckt sie zufällig auf einer Zeitung das Bild Vadims, und sie kauft das Blatt. Der Artikel darin, der ein rührseliges Porträt von dem angeblich in der Haft gewandelten Mörder zeichnet, der voller Reue einen Brief an sein Opfer schreibe und ein anderer Mensch geworden sein will, bestärkt Sascha nur in ihrer Absicht, blutige Rache zu üben. Für die Zeit, die sie anschließend im Gefängnis verbringen wird, hat Sascha für Anton und Alissa bereits einen zehn Punkte umfassenden „Erziehungskatalog“ (S. 64) verfasst. Doch zunächst will sie sich die Verfasserin dieses Artikels, eine Susanne Mahler, vorknöpfen.

Alle Männer sind schlecht – oder doch nicht alle? (S. 66–94)

In der Zeitungsredaktion

Sascha verlässt die Schule zwei Stunden früher als sonst und fährt ins nahe gelegene Frankfurt zur Redaktion der Zeitung. Sie spricht mit der Verfasserin und sagt ihr ins Gesicht, welchen Schmerz ihr vor Verständnis triefender Artikel bei den Hinterbliebenen der Opfer auslöst. Der ebenfalls anwesende leitende Redakteur, ein grauhaariger, aber noch recht jung wirkender Mann, zeigt Mitgefühl mit Sascha und entschuldigt sich: Die Journalistin sei noch in der Ausbildung, und er, eigentlich der Ressortleiter, sei im Urlaub gewesen, als der Artikel, der normalerweise ihm zur Prüfung vorgelegt worden wäre, erschien; sein Redaktionskollege habe den Beitrag leider nicht sorgfältig redigiert. Auch er finde das Geschriebene unzumutbar, besonders für die Betroffenen. Zum Abschied überreicht er Sascha seine Visitenkarte und fordert sie auf, ihn anzurufen, wenn er etwas für sie tun könne.

Flucht von zu Hause

Als Sascha früher als sonst nach Hause kommt, trifft sie in der Wohnung überraschend Grigorij, den Vater ihrer Bekannten Angela aus dem Solitär, an, der entspannt und ohne Schuhe mit Maria in der Küche sitzt – offenkundig nicht das erste Mal. Sascha ekelt den Mann aus der Wohnung und stellt Maria zur Rede. Ob sie sich schon lange heimlich träfen? Ob sie die Kinder wegschicke, um in Ruhe mit Grigorij ins Bett zu gehen? Marias tränenreiche Erklärung, Grigorij sei ein guter Mann und sie fühle sich einsam in diesem Land, dessen Sprache sie nicht einmal kenne, lässt Sascha nicht gelten. Ihr Hass auf alle Männer flammt wieder auf. Warum tun sich die Frauen das an, fragt sich Sascha. Warum können sie sich nicht selbst genug sein, sondern lassen sich von Männern wie Vadim oder Grigorij anfassen? Ist das angeborener weiblicher Masochismus? Sascha hält es zuhause nicht mehr aus, sie muss weg, zumindest für ein paar Tage. In ihrer Verzweiflung ruft sie die Nummer auf der Visitenkarte an und bittet Volker Trebur – so der Name des Redakteurs – um Hilfe. Als er ihr anbietet, für einige Tage bei ihm zu wohnen, und sie sogar mit dem Auto abholen will, kann Sascha ihr Glück kaum fassen. Insgeheim fragt sie sich, ob er wohl eine Freundin hat.

Bei Volker und Felix (S. 94–142)

Verliebt in Volker, Sex mit Felix

Volkers Treburs Haus liegt in Bad Soden, fernab der Großstadt in einem fast schon ländlichen Gebiet. Der Journalist kümmert sich freundlich um Sascha, zeigt ihr das Gästezimmer, fragt sie nach Essens- oder Bücherwünschen. Auf einmal ist Sascha froh, „keine Eltern zu haben, vor denen ich Rechenschaft ablegen muss." (S. 98) Ihre leise Hoffnung, Volker könnte auch in sie verliebt sein, scheint sich jedoch nicht zu erfüllen. Stattdessen lernt sie mitten in der Nacht Volkers 16-jährigen Sohn Felix kennen, der alleine mit seinem Vater in dem großen Haus lebt.

Volker kannte Saschas Mutter

Am nächsten Morgen erfährt Sascha bei einer Unterhaltung mit Volker zu ihrer Überraschung, dass dieser ihre Mutter gekannt hat – wie gut genau, bleibt offen, aber Sascha unterstellt ihm, er habe mit ihr eine Affäre gehabt. Später sieht sie sich mit Felix zusammen einen Film auf DVD an, die beiden kommen sich näher und schlafen miteinander – es ist für beide das erste Mal –, wobei Sascha sich aber eher langweilt. Sie erfährt, dass Felix' Eltern geschieden sind und seine Mutter, eine bekannte Nachrichtenmoderatorin, in Berlin lebt.

Im Kino

Später gehen die beiden mit Volker ins Kino und schauen sich *Brokeback Mountain* an. Sascha ist von Felix' Annäherungsversuchen genervt und fühlt sich immer noch von Volker angezogen. Doch als sich Felix abends zu ihr ins Bett legt und sie einfach nur umarmt, gefällt es ihr. Sie erzählt ihm die tragische Geschichte ihrer Mutter in Form eines Märchens. Felix ist erschüttert. Er fragt nach ihrem Vater, doch Sascha will nichts davon hören. Von ihrem leiblichen Vater weiß sie nur, dass er die Mutter zur Abtreibung zwingen wollte, als diese mit ihr schwanger war. Dann hört sie ein leise pfeifendes Atmen: Felix ist gegen ihren Rücken geschmiegt eingeschlafen.

Eine ereignisreiche Nacht (S. 142–161)

Felix' Krankheit

In der Nacht wacht Sascha auf, weil Felix so komisch daliegt und röchelt. Panisch rennt sie durch das riesige Haus und sucht Volker.

Zusammen bringen sie ihn ins Auto und rasen zum Krankenhaus. Während Felix behandelt wird, erzählt Volker Sascha im Warteraum von Felix' Krankheiten. Seit seiner Geburt funktionieren seine Lungen nicht richtig. Seine ersten zehn Jahre habe der Junge die Hälfte der Zeit im Krankenhaus verbracht, bis er endlich ein Transplantat bekommen habe. Damals sei ihm das Brustbein aufgesägt worden, allein schon das Atmen verursache ihm große Schmerzen, aber er habe sich nie beklagt. Seitdem nehme er viele Medikamente, er könne keinen Sport machen und bekomme immer wieder schwere Anfälle von Atemnot. Plötzlich schämt Sascha sich. Bislang hat sie immer nur ihr eigenes Leid gesehen und gedacht, bei Felix sei alles in Ordnung. Sie hat ihn für glücklich gehalten. Zugleich fühlt sie sich schuldig, weil sie mit Felix geschlafen hat, wie sie Volker gesteht. Ihretwegen, glaubt sie, ist er fast gestorben! Volker nimmt ihr Geständnis gelassen auf; er glaube nicht, dass sie für Felix' Zustand verantwortlich sei, sagt er.

Volkers Annäherungsversuch

Wieder zuhause kippt Volker in der Küche ein paar Gläser Wein hinunter und geht ins Schlafzimmer. Sascha, die ihm gefolgt ist, setzt sich neben ihn auf das Bett. Sie sehnt sich nach seiner Berührung, aber als er sie plötzlich gierig küsst, empfindet sie es als unangenehm. Sie wendet sich ab und bringt es doch nicht übers Herz, ihn wegzustoßen. Dafür mag sie ihn zu gern, „auch wenn sein Zauber gerade in großen Stücken von ihm abbröckelt" (S. 159). Als er weitermacht, rollt sie zur Seite und dreht sich weg. Nachdem er von ihr abgelassen hat, entschuldigt er sich wortreich. Doch Sascha erklärt ihm, sie wisse sich schon zu wehren, und schläft friedlich neben ihm ein. Sie hat erkannt: So jung ist Volker gar nicht mehr, und in seinem Alter ist Sex etwas ganz anderes als in ihrem Alter. Außerdem entdeckt sie in sich ein ihr unangenehmes Gefühl: Mitleid.

Wieder zuhause (S. 162–196)

Am nächsten Morgen sieht Sascha auf ihrem Handy, dass Maria mehrmals versucht hat, sie anzurufen. Erschrocken ruft sie zurück: Ist etwas mit ihren Geschwistern passiert? Sind sie krank? Aber Maria hat nur angerufen, weil sie sich Sorgen um Sascha gemacht hat. Und sie verspricht: Grigorij wird nicht mehr kommen. „So eine Familie ist furchtbar anstrengend" (S. 164), befindet Sascha, doch insgeheim ist sie glücklich, als sie nach Hause kommt und die Geschwister vor Freude jubeln. Und wieder muss sie daran denken, wie Vadim die Kinder damals beschimpft und geschlagen hat und ihre Mutter sich darauf von ihm hat scheiden lassen.

Sorge um die Familie

Felix und Sascha telefonieren, und ihre Freundschaft entwickelt sich. Felix schlägt ihr vor, mit ihnen zum Urlaub auf Teneriffa zu fahren. Im Solitär wird Sascha immer wieder an Vadim erinnert – so fällt ihr wieder jener Tag ein, als Vadim Anton wegen seiner schulischen Leistungen mit einem Gürtel verprügeln wollte, Sascha sich dazwischenstellte, den Gürtel ins Gesicht bekam und ihre Mutter ihn deswegen endlich rausgeworfen hat. Der fast gleichaltrige Nachbarjunge Peter sagt Sascha offen ins Gesicht, seine kleine Schwester Katja dürfe nicht zum Spielen zu Alissa kommen, weil die Mutter das nicht wolle und es in Saschas Wohnung nach Unglück rieche. Er lädt Sascha ein, doch einmal zum „Scherbenpark" zu kommen, einer Lichtung in einem an den „Solitär" angrenzenden Waldstück, auf der sich die anderen Jugendlichen aus dem Viertel treffen. Doch Sascha lehnt ab: Saufen, Kiffen und Knutschen im Gebüsch ist nicht ihre Sache. Und Angst vor ihm habe sie sowieso nicht, erklärt sie Peter auf dessen Vermutung hin. Sie habe nie Angst. Peter nennt sie eine Schlampe und unterstellt ihr ein Verhältnis mit einem älteren reichen Mann, weil er gesehen hat, wie sie von Volker Trebur abgeholt worden ist.

Ausgrenzung durch die Nachbarn

Der tote Hamster

Als Sascha wieder einmal durch die Gegend joggt, erinnert sie sich, wie sie hier vor Tagen Anton zusammen mit einem Freund dabei überrascht hat, wie sie einen toten Hamster untersuchen wollten, um ihn am Ende auszustopfen. Sascha hat das Tier schließlich begraben – und kann jetzt dem Wunsch nicht widerstehen, es wieder auszugraben. Es ist nun voller Maden. Sie fühlt ein Gefühl des Triumphes, weil sie sich bei dem Anblick nicht übergeben muss.

Der Überfall

Danach wird sie in der Unterführung von Peter und seinen Freunden überrascht. Selbst als diese handgreiflich werden, zeigt Sascha keine Angst, sondern provoziert die Jungen noch mit ihren Sprüchen, was Peter umso mehr reizt. Einmal solle sie mit ihm schlafen, fordert er, gleich hier im Gebüsch. Dann werde er sie in Ruhe lassen. Bei Hartz-IV-Empfängern, die nicht einmal Deutsch können, vergehe ihr die Lust, erwidert Sascha. Als Peter ihr näherkommt, schlägt Sascha ihm mit einer leeren Bierflasche ins Gesicht, verletzt ihn aber kaum. Peter greift sie an, sie schreit laut um Hilfe und ruft immer wieder nach Volker.

Schuldgefühle und Liebesschmerz (S. 196–242)

Sascha telefoniert nach dem Überfall mit Volker und berichtet, dass es ihre Rettung gewesen sei, dass sie seinen Namen gerufen habe. Wahrscheinlich hätten die Angreifer gedacht, er sei in der Nähe. Sascha gesteht Volker, dass sie sich schuldig am Tod ihrer Mutter und dem Harrys fühle. Sie hätte sich dazwischenwerfen sollen, als Vadim geschossen hat. Sie, die keine Angst kennt, hätte die beiden retten können. Erst jetzt, heute Abend, verspüre sie das erste Mal wieder Angst und habe Angst vor noch mehr Angst. Sie wolle weg aus diesem Haus, aus dieser Gegend, aus diesem Getto. Auch Volker bietet ihr an, sie könne in den Sommerferien im Juli mit ihm und Felix nach Teneriffa fahren, aber Sascha lehnt ab. Felix ist zwar enttäuscht, aber sie weiß, dass es falsch wäre: Sie liebt nur Volker.

Überdruss am Gettoleben

Statt also die Ferien am Strand oder mit Maria und ihren Geschwistern im Freibad zu verbringen, hört Sascha laut Eminem, recherchiert über Giftarten und wartet auf Postkarten. Einem Jungen aus wohlhabendem Elternhaus gibt sie gegen Bezahlung Französisch-Nachhilfe, und Angela, der Tochter von Grigorij, hilft sie kostenlos in Mathematik. Als sie eines Tages erfährt, dass sich Grigorij, seit Maria ihn Sascha zuliebe rausgeworfen hat, aus Liebeskummer täglich besäuft und sogar seinen Job verloren hat, hat Sascha Schuldgefühle.

Sascha gibt Nachhilfe und lernt selbst etwas

Von ihrem eigenen Liebeskummer und ihrer Traurigkeit darüber, dass Volker weg ist und sich nicht meldet, versucht sie sich abzulenken. Zunächst durch Lesen, dann, als sie vor der Bibliothek einen Informatikstudenten, der zufällig auch Volker heißt, kennenlernt, durch Sex: Sie verabredet sich mit dem Studenten zum Inlinerskaten – wenigstens ist sie so mit einem Volker unterwegs. Erst knutschen die beiden im Gras, dann möchte Sascha mehr, um endlich den anderen Volker aus ihrem Kopf zu bekommen, aber dem schüchternen Volker geht das alles zu schnell. Obwohl der Student gegen Ausländer und besonders gegen Russen wettert und sich als NPD-Anhänger offenbart, schläft Sascha mit ihm, genervt, gelangweilt und mit dem Gefühl, „als würde es mich nicht wirklich betreffen." (S. 230) Danach lockt sie den Ahnungslosen zum Scherbenpark, wo sich Peter und seine Freunde treffen. Dort erzählt Sascha, welcher politischen Gesinnung ihr Begleiter anhängt, und Peter nötigt den Studenten, mit Drogen versetzten Wodka zu trinken. Als er nur noch würgt und besinnungslos wird, geht Sascha nach Hause und überlässt ihn bei Peter und seinen Freunden seinem Schicksal.

Zwischenspiel mit einem NPD-Anhänger

Auf dem Heimweg fährt Sascha auf ihren Inlinern mitten auf der Straße und provoziert einen Unfall: „Ich will etwas spüren. Jetzt." (S. 237) Ihre Beine sind aufgeschürft, aber der Schmerz hilft ihr,

Ein selbstprovozierter Unfall

endlich für kurze Zeit den Liebeskummer zu vergessen – und sie kommt Maria näher, die sich liebevoll um die Verletzte kümmert.

Alte Bekanntschaft und neue Erkenntnisse (S. 243–271)

Schachspiel mit Oleg

Nach langer Zeit des Schweigens unterhält sich Sascha wieder einmal mit Oleg, einem Hausbewohner, der nach einem Unfall gelähmt ist. Früher haben die beiden draußen auf der Bank immer zusammen Schach gespielt. Doch dann hat Sascha entdeckt, dass Oleg den kleinen Jungs aus den Wohnblocks detailliert Pornos nacherzählt – und sich von ihm zurückgezogen. Außerdem hat er sowieso immer gewonnen. Sie erinnert sich nun, wie Oleg sich früher mit Vadim, aber auch mit ihrer Mutter unterhalten hat, wie verständnisvoll dabei ihre Mutter gegenüber Olegs Gesprächsthemen gewesen ist und dass dieser bei der Beerdigung ihrer Mutter als Einziger eine Sonnenbrille getragen hat. Jetzt erfährt Sascha, dass in der Zwischenzeit auch Olegs Mutter gestorben ist, was sie gar nicht mitbekommen hat. Nun spielen sie wieder einmal gegeneinander, und Sascha lässt sich von ihrer kleinen Schwester helfen, ja sie nimmt sogar Ratschläge von Oleg an, was sie früher immer ablehnt hat. Als sie schließlich das Spiel gewinnt, das erste Mal überhaupt, ist sie unendlich stolz und hat das Gefühl, „dass mir von nun an alles gelingen wird“ (S. 255).

Vadims Selbstmord

Ein paar Tage später erfährt Sascha aus der Zeitung, dass Vadim sich in seiner Zelle erhängt hat. Sascha will es nicht glauben, da klingelt das Telefon: Angela bittet sie zu kommen. Sie glaubt, schwanger zu sein, da sie sich übergeben muss, und fragt Sascha um Rat, doch diese kann nur den Kopf über Angelas Dummheit schütteln, ist es doch erst drei Tage her, dass diese mit ihrem Freund ungeschützten Verkehr gehabt hat. Ihr fällt wieder die Nachricht von Vadims Selbstmord ein, und vor Wut darüber, dass er ihr damit zuvorgekommen ist und sie ihn nun nicht mehr töten kann, schreit sie so laut, dass im Treppenhaus die Nachbarn zusammenkommen. Der betrunkene Grigorij fällt die Treppe herunter, und als Sascha sich in die Diskussion, ob man den Notarzt rufen soll, einmischen will, wird sie von einer anderen Hausbewohnerin zurechtgewiesen: Sie solle sich bloß fernhalten von den anderen, ihre Familie habe hier schon genug Unheil angerichtet. Sascha verzieht sich, aber nicht ohne draußen mit Steinen Fenster einzuwerfen. Dass die Bewohner des Hauses sich vor ihr fürchten, amüsiert sie: „Ich muss lachen. Alle haben Angst vor Sascha!" (S. 269) Dann fliegen plötzlich Steine zurück, und einer trifft sie am Kopf.

Sascha wirft Fenster ein

Zusammenbruch und Neuanfang (S. 271–289)

Aufbruch in ein neues Leben

Als Sascha im Krankenhaus wieder aufwacht, sitzt Maria an ihrem Bett und erzählt, was passiert ist. Sascha ist vier Tage lang bewusstlos gewesen. Maria erzählt ihr, dass inzwischen eine Postkarte aus Teneriffa gekommen sei. Als Volker und Felix kommen, um sie zu besuchen und aus dem Krankenhaus nach Hause zu bringen, ist sie sehr gerührt. Allerdings freut sie sich nicht auf ihr Zuhause, das sie hasst, weil sie dort an Dinge erinnert wird, die sie gerne vergessen würde. Doch dann sind da Alissa, Anton und Maria, die sie freudig begrüßen. Volker und Felix fühlen sich spürbar wohl mit Saschas Familie, und alle reden und lachen miteinander.

Unter Vadims Habseligkeiten, die man ihnen in der Zwischenzeit aus dem Gefängnis geschickt hat, entdeckt Sascha neben Fotos von Marina und seinen Kindern auch ein Foto von sich selbst, Sascha. Plötzlich verspürt sie keinen Ärger mehr: „Die Luft ist raus." (S. 285) Und angesichts der Menschen, die da im Wohnzimmer zusammensitzen und sich gut verstehen, merkt sie auf einmal erleichtert, dass ihre Geschwister und Maria auch ohne sie ganz gut zurechtkommen. Leise packt sie ihre Sachen und bricht auf nach Prag, der Lieblingsstadt ihrer Mutter.

3.3 Aufbau

ZUSAMMEN-FASSUNG

Scherbenpark ist nicht in einzelne Kapitel unterteilt und wirkt daher wie aus einem Guss gefertigt. Der Roman zieht den Leser vom ersten Satz an unmittelbar in das Romangeschehen hinein. Die Haupthandlung wird weitgehend chronologisch erzählt, aber immer wieder durch eingeschobene Erinnerungsfragmente unterbrochen. Aus diesen Erinnerungen Saschas fügt sich nach und nach die tragische Vorgeschichte – die Ermordung ihrer Mutter durch den eifersüchtigen Stiefvater – zusammen.

Ohne Kapitel-unterteilung

Alina Bronskys Roman *Scherbenpark* ist nicht in einzelne durchnummerierte Kapitel unterteilt und wirkt daher wie aus einem Guss gefertigt. Nur gelegentliche Absätze nach Leerzeilen unterbrechen den stetigen Erzählfluss der Ich-Erzählerin. Vom ersten Satz an wird der Leser von *Scherbenpark* unmittelbar in das Romangeschehen hineingezogen:

Romananfang

> „Manchmal denke ich, ich bin die Einzige in unserem Viertel, die noch vernünftige Träume hat. Ich habe zwei, und für keinen brauche ich mich zu schämen. Ich will Vadim töten. Und ich will ein Buch über meine Mutter schreiben. Ich habe auch schon einen Titel: ‚Die Geschichte einer hirnlosen rothaarigen Frau, die noch leben würde, wenn sie auf ihre kluge älteste Tochter gehört hätte.'" (S. 9)

Andeutungen und Rückblenden

Erst nach und nach erfährt man als Leser, wer Vadim eigentlich ist, warum ihn die Ich-Erzählerin töten will und was die Mutter zu einer

„hirnlosen" Frau macht. Zunächst aber belässt es die Erzählerin bei Andeutungen und kurzen Rückblenden, aus denen der Leser sich wie bei einem Puzzle die tragische Vorgeschichte, die rund zwei Jahre zurückliegt (vgl. S. 27), zusammensetzen muss.

Chronologisch erzählte Haupthandlung

Dieses Erzählverfahren ist kennzeichnend für Alina Bronskys Roman. Die Hauptgeschichte wird weitgehend chronologisch im Präsens erzählt und spielt sich in wenigen Sommermonaten ab: Saschas Lektüre des mitfühlenden Zeitungsartikels über Vadim, der Besuch in der Zeitungsredaktion, die Spannungen zu Hause, die Flucht zu Volker, die Begegnung mit Felix, die Bedrohung durch die Jugendlichen in ihrem Viertel, die Bekanntschaft mit dem Neonazi Volker, Saschas Wutanfall und schließlich ihre Entscheidung, erst einmal wegzugehen – all das wird der Reihe nach und mit hohem Tempo geschildert. Eine skurrile Episode jagt die nächste, was das Buch wie einen schnell geschnittenen Film wirken lässt.

Einmontierte Erinnerungsfragmente

In diese Haupthandlung hinein, die sich in der Gegenwart abspielt, montiert die Autorin indes immer wieder Gedanken und Erinnerungsfetzen, die sich erst allmählich zu einer sinnvollen Vorgeschichte zusammenfügen. Die Rückblenden knüpfen stets unmittelbar an das Erlebte und Empfundene an. Wenn Sascha beispielsweise gleich zu Beginn des Romans Hans und Ingrid, die Eltern des ebenfalls von Vadim ermordeten Freundes ihrer Mutter, besucht, erzählt sie, warum es ihr wehtut, „ihr Haus zu betreten" (S. 32). Der Grund ist, dass ihre Mutter das Haus so sehr mochte. Und sofort fällt ihr wieder ein, wie sie damals mit ihrer Mutter und den Geschwistern bei Harrys Eltern zu Besuch gewesen ist und wie dieser sich für die Unordnung im Haus geschämt und wie die Mutter ihn zärtlich angesehen hat. Bevor also der Leser überhaupt den Verlauf und das Ende dieser tragischen Geschichte kennt, kann er sich schon ein Bild von den beiden und ihrer liebevollen Beziehung zueinander machen.

Spannungssteigerung durch Rückblenden

Erst durch weitere Rückblenden erfährt man, was damals passiert ist, ein literarisches Verfahren, das dazu dient, die Spannung und die Neugier des Lesers zu steigern. Schon früh weiß man beispielsweise, dass der kleine Anton eine Psychotherapie besucht, dass er stottert, ins Bett pinkelt und zu zittern beginnt, „wenn jemand mal etwas lauter wird“ (S. 20). Immer wieder gibt es Andeutungen über traumatisierende Erlebnisse, doch erst viel später wird eine entscheidende Szene nachgeliefert: Bei einem Elternabend hat Vadim erfahren, sein Sohn sei schlecht in der Schule. In einem Wutanfall hat er seinen Sohn beschimpft und mit Hinweis auf Prügelstrafen bei der russischen Armee den Gürtel aus seiner Hose gezogen. Sascha hat sich zwischen Stiefvater und Bruder gestellt und einen Schlag abbekommen – was die Mutter schließlich veranlasst hat, Vadim endlich aus der Wohnung zu werfen.

Nachgelieferte Informationen

> „Und jetzt brüllte sie Vadim ins Gesicht, dass es vorbei ist, fertig, aus, genug gequält, nie wieder, nie wieder wird er einem Kind wehtun, er wird sofort aus dieser Wohnung verschwinden, sie wird die Scheidung einreichen, RAUS!!!“ (S. 176)

Vergangenheit wird immer wieder präsent

Der abrupte Tempuswechsel mitten im Satz verstärkt dabei den Effekt, die Vergangenheit sei plötzlich wieder präsent. Auch Saschas Versuch, ein Buch über ihre Mutter zu schreiben, bringt längst Vergangenes in die Gegenwart zurück. Zwar scheitert Sascha in ihren eigenen Augen: „Alle Szenen, die ich aufschreiben wollte, sind wie weggeblasen. Alle Wortfetzen, die ich aufzufangen versuche, sind banal.“ (S. 57) Und doch entsteht aus den Schreibversuchen, die sie sich immer wieder abringt, nach und nach ein plastisches Bild der Mutter:

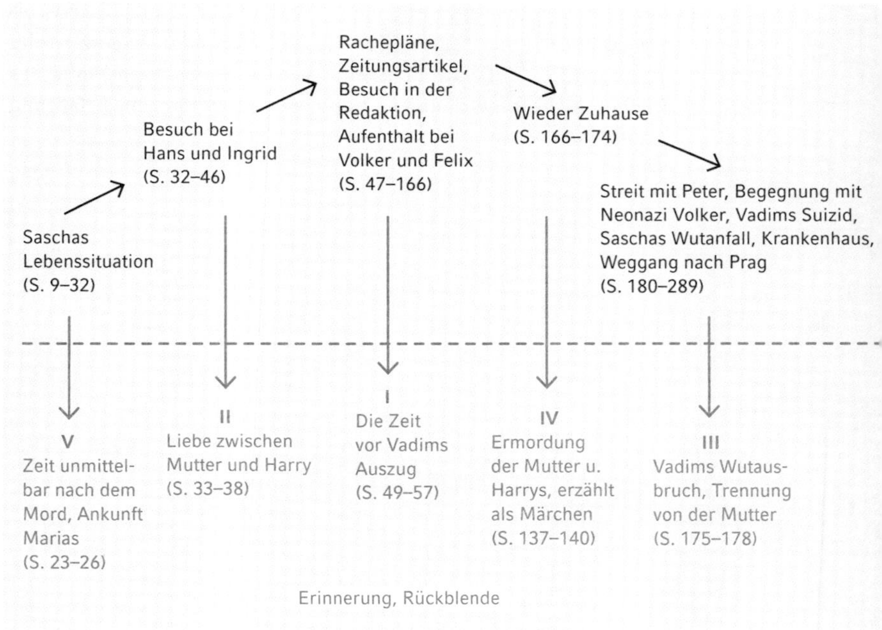

„‚Rote Haare', schreibe ich. ‚Mit Henna gefärbt, seit ich sie kenne. (…) Mit dreißig hatte sie schon graue Strähnen. Sie hatte ein Leben, von dem man früh grau wird. (…) Sie hat viel gesprochen und gelacht. Selbst wenn sie gelesen hat, hat sie geredet'." (S. 57)

Ironische Distanz

Etwa in der Mitte des Buches (vgl. S. 137–140) erzählt Sascha Felix – und damit auch dem Leser – die ganze Geschichte um die Ermordung ihrer Mutter, und zwar in Form eines Märchens. Indem sie ihre Erzählung mit einem laxen märchenhaften „Es war mal" beginnt, die Auswanderung nach Deutschland als Umzug in ein anderes Königreich und den neuen Freund ihrer Mutter, Harry, als Prinzen bezeichnet, signalisiert sie eine ironische Distanz zu der Tragödie. Doch überwunden – das wird in der zweiten Hälfte des Buches noch einmal deutlich – hat sie diese traumatische Erfahrung längst noch nicht.

3.4 Personenkonstellation und Charakteristiken

ZUSAMMEN-FASSUNG

Sascha:
→ die 17-jährige Ich-Erzählerin,
→ klug, begabt und zynisch,
→ fühlt sich verantwortlich für den Tod der Mutter,
→ beschützt ihre Geschwister,
→ hasst Männer und hat scheinbar vor nichts Angst,
→ lernt am Ende, Gefühle und Angst zuzulassen.

Felix:
→ der 16-jährige Sohn von Volker Trebur,
→ ist ein wohlhabendes, aber einsames Scheidungskind,
→ verbringt seine Tage vor Computer und Fernseher,
→ trägt seine schwere Lungenkrankheit mit Fassung,
→ ist das Gegenstück zur frühreifen, selbstständigen Sascha.

Volker Trebur:
→ ist ein gut aussehender, verständnisvoller Journalist,
→ ist als alleinerziehender Vater manchmal überfordert,
→ wird zu einer Art Ersatzvater für Sascha.

Marina:
→ Saschas ermordete Mutter,
→ war schön, klug, belesen sowie kunst- und theaterinteressiert,

→ hatte ein großes Herz und engagierte sich für andere,
→ blieb aus Mitleid mit ihrem gewalttätigen Mann zusammen,
→ trennte sich von Vadim erst, als dieser die Kinder bedrohte.

Die Russlanddeutschen aus dem „Solitär"

Außenseiter und Verlierer

Die Bewohner des Wohnblocks mit dem Namen **Solitär**, in dem Sascha lebt, stammen überwiegend aus Russland. Sie werden aus der – durchaus einseitigen – Perspektive der Ich-Erzählerin Sascha abfällig als resignierte, aus der Gesellschaft ausgeschlossene Verlierer beschrieben, die keine Träume mehr haben oder deren Träume einfach nur lächerlich und meist eher materieller Art sind.

Die **Mädchen in Saschas Alter** sind auffällig geschminkt und träumen davon, „reich zu heiraten" (S. 9); die **Jungs** schwärmen von schicken Autos und hübschen Frauen. Da ist zum Beispiel **Peter „der Große"** (wie ihn Sascha ironisch bezeichnet), der am liebsten eine Blondine als Freundin hätte und in seinem weißen Unterhemd und der dicken Goldkette laut Sascha wie „Marlon Brando im Russengetto" (S. 180) daherkommt. Seine Tage verbringt er mit anderen Jugendlichen im sogenannten Scherbenpark, einem verwahrlosten Waldstück, auf dem sich die Jugendlichen mit Alkohol und Drogen zudröhnen. Oder da ist **Anna**, die von einem Richter mit Penthousewohnung als Ehemann träumt und laut Sascha einem russischen Sprichwort glaubt, wonach man „schnell alt und runzlig" (S. 10) wird, wenn man zu viel weiß. Und da ist die ständig verheulte **Angela**, die sich schämt, wenn sie in Mathe einmal etwas verstanden

Sascha (Jasna Fritzi Bauer) und der „Marlon Brando im Russengetto" Peter (Vladimir Burlakov), Szene aus der Romanverfilmung © picture alliance / dpa

hat, und sich um den Haushalt kümmert, während ihr Vater Grigorij den ganzen Tag betrunken im Bett liegt.

Vadim

Ein Vertreter der erwachsenen Bewohner des Solitärs ist **Vadim**, der Ehemann von Saschas Mutter, der diese ermordet hat und seitdem im Gefängnis sitzt. Vadim ist der Vater von Saschas jüngeren Geschwistern Anton und Alissa. Bevor Marina ihn vor die Tür gesetzt hat, ist Vadim (wie Sascha erzählt) zu Hause stets reizbar, eifersüchtig und gewalttätig gewesen. Ständig hat er über seine Misere gejammert und die Schuld für seine Arbeitslosigkeit bei anderen gesucht. Typisch waren seine

Schuld haben immer die anderen

> „Hasstiraden (…) auf die Scheiß-Deutschen, die ihr Land nicht im Griff haben, auf die Scheiß-Amerikaner, die alles unterwandern wie die größte Sekte der Welt, auf die Scheiß-Italiener, die immer so schnell reden" (S. 51) usw.

Seiner Frau hat er vorgeworfen, wegen ihres kulturellen Engagements (für Theater und Zeitung) den Haushalt und die Kinder zu vernachlässigen; er selbst aber hat die meiste Zeit vor dem Fernseher verbracht, ohne im Haushalt mitzuhelfen. Besonders der kleine Anton hat unter den Wutausbrüchen des Vaters leiden müssen: Vadim hat seinen Sohn bei schlechten Schulleistungen beschimpft und sogar damit gedroht, ihn zu verprügeln. Aber auch Sascha hat immer wieder den Jähzorn ihres Stiefvaters zu spüren bekommen und ist offenbar von ihm sogar sexuell belästigt worden (vgl. S. 56). Dass seine Frau ihn vor die Tür gesetzt und eine Beziehung zu einem, im Vergleich zu Vadim, eher unmännlich wirkenden Deutschen eingegangen ist, hat für Vadim sicherlich eine enorme Kränkung seines Egos bedeutet – die emotionale Grundlage seiner Gewalttat.

Vadims andere Seite

Trotz seiner Charakterzüge und seiner Tat hat Vadim aber offenbar noch eine andere Seite: Der Leser lernt Vadim – wie alle anderen Figuren des Romans – nur durch den eingeschränkten Blickwinkel Saschas kennen, die ihn als „Unmenschen" (S. 46) und „Monster" (S. 61) bezeichnet. In dem Zeitungsartikel von Susanne Mahler äußert er jedoch Reue und Scham für seine Tat (was Sascha zunächst für bloße Heuchelei hält). Später begeht Vadim im Gefängnis Selbstmord – er erhängt sich –, was darauf schließen lässt, dass er tatsächlich unter Schuldgefühlen gelitten hat. Unter den Schriftstücken, die er hinterlässt, findet Sascha beschriftete Fotos von der Mutter, ihren Geschwistern und auch von sich selbst, die ihr (und dem Leser) zeigen, dass Vadim seine Familie auf seine Weise tatsächlich geliebt hat.

Mangelnde Integrationsbereitschaft

Ebenfalls prototypisch für die aus Russland eingewanderten Erwachsenen, die sich nicht in Deutschland integrieren möchten und nicht einmal „die Sprache dieses verflixten Landes“ (S. 30) lernen wollen, ist in Bronskys Roman **Maria**, Vadims Cousine zweiten Grades, die sich seit dem gewaltsamen Tod von Saschas Mutter um Sascha und ihre Geschwister kümmert, bis dahin in Nowosibirsk als Kantinenarbeiterin gelebt hat und nun ganz in ihrem Hausfrauendasein aufgeht. Den lieben langen Tag näht, kocht und backt sie, aber um Deutsch zu lernen, hat sie keine Zeit. Ihre einzige Lektüre bildet der Abreißkalender *Für die orthodoxe Hausfrau*, und ihre Angst vor staatlicher Autorität ist so groß, dass sie „selbst den Fahrkartenautomaten siezt“ (S. 31). Dabei ist sie das, was man eine „gute Seele“ nennt: lieb, fürsorglich und vor allem um das Wohlergehen der ihr anvertrauten Kinder bemüht. An Maria wird aber ebenfalls deutlich, dass das Bild, das Sascha von ihren Mitmenschen zeichnet, korrekturbedürftig und vom Leser zu hinterfragen ist: Sascha unterstellt Maria, sie sei nur nach Deutschland gekommen, um hier ein besseres Leben als in Nowosibirsk zu haben (vgl. S. 26 u. 86), letztlich also aus egoistischen Motiven, aber in der Szene, als Sascha Maria mit Grigorij überrascht, wird deutlich, wie unglücklich und einsam Maria im Solitär ist und dass sie vor allem deshalb nach Deutschland gekommen ist, um Verantwortung für die Tat ihres Cousins zu übernehmen (vgl. S. 88).

Saschas fragwürdige Urteile über ihre Mitmenschen

Beispiel Oleg

Auch der gelähmte **Oleg**, der stundenlang auf der Bank vor dem Haus sitzt und Schach spielt, hat, wie Sascha gegen Ende des Roman erkennen muss, zwei Seiten: Einerseits erzählt er zu Saschas Entsetzen den herumstehenden Kindern minutiös die Pornofilme, die er gesehen hat. Andererseits zeigt er seine gute Seite, wenn er Sascha hilft, endlich auch einmal ein Schachspiel gegen ihn zu gewinnen. Auch hat er Saschas Mutter offenbar wirklich gemocht (vgl. S. 249 u. 251).

Schonungsloser Blick

So hart und schonungslos ihr Blick auf die Russlanddeutschen als Gruppierung ist, so geneigt ist Sascha zugleich, bei einzelnen von ihnen auch gute Charakterzüge anzuerkennen. Schnell ist sie bereit, ihre ehemaligen Landsleute in Schutz zu nehmen, wenn diese von Deutschen angegriffen oder beleidigt werden. Nachdem sie den jungen Neonazi Volker kennengelernt und ihn zur Strafe für seine ausländerfeindlichen Sprüche in den Scherbenpark gelockt hat, wo die russlanddeutschen Jugendlichen ihm (vermutlich) eine ordentliche Abreibung verpassen, fühlt sie sich plötzlich „wie zuhause".

Hang zum Aberglauben

Eine weitere Eigenschaft der Solitär-Bewohner ist ihr Aberglaube: So scheinen sie anzunehmen, Saschas Wohnung, in der der Doppelmord geschah, bringe Unglück (vgl. S. 182 f.), weshalb viele Saschas Familie meiden (vgl. S. 88).

Sascha

Gute Schülerin, Einzelgängerin

Die 17-jährige Alexandra Naimann, genannt Sascha, stammt ursprünglich aus Moskau. Das schlanke, dunkelhaarige Mädchen, das den eigenen Vater, einen Wissenschaftler, nie kennengelernt hat (vgl. S. 13), ist mit der Mutter, deren zweitem Ehemann Vadim und ihren beiden Halbgeschwistern Anton und Alissa vor Jahren aus Russland nach Deutschland ausgewandert. Im Unterschied zu den übrigen Bewohnern ihres Viertels ist Sascha **sehr klug** und verfügt über „eine stolze Menge Synapsen" (S. 12). Sie weiß das auch genau und unterscheidet zwischen sich und den übrigen Solitär-Bewohnern.

Außenseiterin im Gymnasium

Trotz ihrer zunächst noch dürftigen Deutschkenntnisse war sie von Anfang an eine sehr gute Schülerin, vor allem in den naturwissenschaftlichen Fächern. In der Klasse des katholischen Elite-Gymnasiums, das sie besucht, ist sie die einzige Schülerin mit Migrationshintergrund. Freunde aber hat sie nicht, dazu unterscheidet sich das Leben des altklug wirkenden Mädchens mit der großen Klappe zu sehr von demjenigen ihrer wohlhabenden deutschen Klassenkameraden.

Mit den Jugendlichen aus ihrer Nachbarschaft, die sich vor allem fürs schnelle Geld, für Alkohol und Sex interessieren, will das ungeheuer belesene Mädchen wenig zu tun haben. Zynisch bezeichnet sie sich selbst als die Einzige in ihrem Viertel, „die noch vernünftige Träume hat" (S. 9), nämlich ein Buch über ihre ermordete Mutter zu schreiben und ihren Stiefvater, den Mörder, zu töten. Sie ist eine Einzelgängerin und träumt davon, aus dem tristen Russengetto auszubrechen.

Außenseiterin im Solitär

Auf den ersten Blick ist Sascha kratzbürstig, bissig und frei von Angst. Als Außenseiterin fallen ihr Eigenheiten in der deutschen Gesellschaft besonders auf – von den ordentlichen, nach Politur riechenden bürgerlichen Wohnungen bis zu den „kurzhaarigen Frauen, die alle gleich aussahen und Doppelnamen trugen" (S. 23). Ihre Umwelt betrachtet sie mit kühlem Zynismus, ob es sich nun um überordentliche Deutsche oder heruntergekommene Einwanderer aus Russland handelt. Gegen zudringliche Jugendliche aus der Nachbarschaft weiß sie sich ebenso zu wehren wie gegen alle Bemutterungsversuche der Erwachsenen. Sie hat einen Hass auf alles, vor allem auf Männer, und brüllt zuhause lautstark die hass- und gewaltgetränkten Texte des Rappers Eminem mit. Gefühle wie Liebeskummer gestattet sie sich nicht: Sie ist doch nicht eines dieser „blöden Hühner", für sie „bricht doch die Welt nicht zusammen, wenn sich so ein Arsch bei mir nicht meldet" (S. 214). Auch Traurigkeit lässt sie bei sich nicht zu: „Wenn ich mich wieder richtig ärgern kann, dann geht es mir schon besser." (S. 217)

Kratzbürstigkeit

Hass auf Männer (und Frauen)

Saschas Kratzbürstigkeit und zum Teil auch alterstypische Egozentrik lassen sie mitunter überhart und ungerecht gegenüber ihren Mitmenschen urteilen (wie oben am Beispiel Marias gezeigt) und

Manchmal ungerecht und verletzend

führen dazu, dass sie diese verletzt oder vor den Kopf stößt: Dass z. B. die Mutter ihres gelähmten Nachbarn Oleg bereits „letztes Jahr gestorben" (S. 250) ist, ging an Sascha vorbei, und als sie es erfährt, verletzt sie Oleg auch noch mit ihrem Kommentar:

> „‚(…) Was hast du gerade gesagt?'
> ‚Willkommen im Club.'
> ‚Und ich dachte, ich hätte mich verhört.'" (S. 250)

Saschas Kratzbürstigkeit als Reaktion und Schutz

Saschas Kratzbürstigkeit ist zum einen eine Folge ihrer Abgrenzung von der Mutter, die Sascha als zu warmherzig und „viel zu gefühlvoll" (S. 12) beschreibt: Sascha will auf keinen Fall so werden wie ihre Mutter, nämlich ein Mensch, der sich ausnutzen lässt und dafür auch noch mit seinem Leben bezahlt (vgl. S. 50), aber auch eine von Gefühlen und Bedürfnissen abhängige Frau: „Ich bin mir selber ein Mann." (S. 19) Saschas Ruppigkeit und raue Schale stellen zugleich einen Schutz dar, mit dem sich das durch den Mord an der Mutter traumatisierte Mädchen umgibt.

Schuldgefühle

Mag sie sich nach außen noch so „locker, angstfrei und gleichgültig" (S. 42) geben, tief im Innern hat Sascha mit Schuldgefühlen zu kämpfen. Sie fühlt sich verantwortlich für den Tod der Mutter und für das Leben ihrer jüngeren Geschwister Anton und Alissa. Selbstständig kümmert sie sich nicht nur um Behörden- und Schulangelegenheiten der Familie, sondern sorgt sich auch um die Bildung und das psychische Wohlergehen Antons und Alissas. Mit ihren eigenen Problemen dagegen steht sie alleine da: „Ich bin mir selber die große Schwester" (S. 67). Erst allmählich wird deutlich, dass die scheinbar so selbstsichere Sascha, die seit dem Tod der Mutter in die Rolle einer Ersatzmutter für ihre Geschwister geschlüpft ist, selbst der Zuwendung und Fürsorge bedarf.

Als Sascha den Zeitungsredakteur Volker kennenlernt, erblickt sie darin die Chance, zumindest für kurze Zeit aus den elenden Verhältnissen auszubrechen. Obwohl sich ihr Wunsch nach einer Liebesbeziehung mit Volker nicht erfüllt und sie auch nicht einfach Sex mit dem viel Älteren haben möchte, gelingt es ihr dennoch, eine tiefere Beziehung zu Volker einzugehen. Erstmals hört ihr jemand zu und nimmt sie ernst. Mit ihm kann sie über ihre Schuldgefühle sprechen, bei ihm kann sie sich ihre Angst und die „Angst vor noch mehr Angst“ (S. 198) offen eingestehen. Er ist jemand, bei dem sie sich ausheulen kann, auch wenn sie das sogleich ironisch kommentiert: „Tut mir leid, dein Hemd ist jetzt ein bisschen nass, hier auf der Schulter.“ (S. 276)

Fühlt sich erstmals ernstgenommen

Angst

Nachdem sie erkannt hat, dass auch Volker und sein Sohn Felix, die sie anfangs für „glückliche Menschen ohne Probleme“ (S. 148) gehalten hat, keineswegs sorgenfrei sind, nähert Sascha sich langsam wieder ihrer eigenen Umgebung an. Sie beginnt die vormals als dumm und unwissend belächelte Pflegemutter Maria mit anderen Augen zu sehen, sie gibt dem weinerlichen Nachbarmädchen Angela Nachhilfeunterricht in Mathe und spielt zumindest wieder Schach mit dem behinderten Oleg, von dem sie sich zurückgezogen hatte. Vor allem aber hört sie auf, die Schuld für ihre widrigen Lebensumstände bei sich selbst zu suchen, und erkennt, dass es idiotisch ist, „seinen Zorn gegen sich selbst zu richten“ (S. 224). Man könnte es als Schritt auf ihrem Weg zu einer Gesundung sehen, dass sie in einem Anfall von Wut die Fenster ihres Wohnblocks mit Steinen einwirft und sich dementsprechend hinterher befreit fühlt. Selbst ihren Wunsch, Vadim zu töten, kann sie nun leichter aufgeben, und ihr einziges Problem dabei ist, „dass ich mich nicht mehr darüber [über Vadims Suizid; M. L.] ärgern kann“ (S. 285). Richtig gute Laune hat sie zwar immer noch nicht, aber „irgendetwas singt in mir, und zwar einen anderen Text als Eminem“ (S. 288). Dass sie

Langsame Annäherung an Umwelt

zum Schluss zu ihrer Reise nach Prag aufbricht, ohne jemandem Bescheid zu sagen bzw. sich von den Menschen, die sie lieben, zu verabschieden („Ich habe das Gefühl, sie kommen jetzt auch ohne mich zurecht“, S. 286), zeigt freilich, dass Sascha noch einen weiten Weg vor sich hat.

Felix

Der Junge, der alles hat?

Felix, dessen Name auf „Lateinisch der Glückliche“ (S. 111) bedeutet, wirkt zunächst wie ein Junge, der alles hat. Zusammen mit seinem Vater Volker Trebur bewohnt der große, rothaarige, 16-jährige Junge ein schönes Haus auf dem Land in Bad Soden in der Nähe von Frankfurt. Er darf tun und lassen, was er möchte, essen und schlafen, wann er will. Niemand ist da, der ihn bevormunden würde. Erst nach und nach erfährt Sascha, dass Felix nicht so glücklich ist, wie sein Name es nahezulegen scheint. Nachdem seine Mutter, eine bekannte Fernsehmoderatorin, nach Berlin gezogen ist und sich vom Vater hat scheiden lassen, ist Felix weitgehend sich selbst überlassen. Den ganzen Tag lang sitzt er einsam vor dem Computer oder dem Fernseher, sieht Videos oder Filme und geht kaum aus. Letzteres auch deshalb, weil schwer krank ist, wie Sascha nach einer Nacht in der Notaufnahme des Krankenhauses, in das er wegen lebensbedrohlicher Atemnot eingeliefert wurde, erfährt. Bis zu seinem zehnten Lebensjahr hat er aufgrund seiner defekten Lungen „fast jeden zweiten Monat im Krankenhaus verbracht“ (S. 147). Dann erhielt er ein Transplantat, lag lange unter großen Schmerzen auf der Intensivstation und hat seitdem eine lange Narbe auf der Brust, für die er sich schämt. Immer noch muss er viele Medikamente nehmen, und er leidet regelmäßig unter Atemnot.

Sascha und Felix

Auch wenn Sascha den verliebten Felix aus einer Laune heraus „entjungfert“ hat (S. 152), empfindet sie in erster Linie nur freundschaftliche Gefühle für ihn. Gerade im Vergleich mit seinem Vater ist er ihr zu kindisch, er lässt sie an ihren kleinen Bruder Anton denken. Ihre tragische Familiengeschichte erzählt sie ihm in Form eines Märchens und nennt ihn trotz seiner Körpergröße „Kleiner Felix“ (S. 141). In gewisser Weise stellt Felix das Gegenstück zu Sascha dar: Beide kommen aus schwierigen Familienverhältnissen, doch während sich Felix in seine Computer- und Fernsehwelt flüchtet (z. B. an einer Fan-Webseite für einen bewunderten weiblichen Filmstar bastelt, vgl. S. 123 f.) und seine Einsamkeit kultiviert, muss Sascha schon sehr früh selbstständig sein und Verantwortung übernehmen.

Volker Trebur

Eine Art Vaterfigur

Als Sascha Volker Trebur in der Zeitungsredaktion, wo sie sich über einen mitfühlenden Artikel über ihren Stiefvater Vadim beschweren will, das erste Mal begegnet, mag sie ihn sofort. Der gut aussehende Ressortleiter, der trotz seiner grauen Haare noch nicht alt wirkt, flößt ihr von Beginn an Vertrauen ein, und sie beginnt ihr negatives Urteil über Männer in Frage zu stellen: „Ich hasse Männer, denke ich selbstvergessen. Hasse ich Männer?“ (S. 70) Volker ist ein Mann, wie Sascha ihn sich als Vater wünschen würde: zugewandt und verständnisvoll, witzig und attraktiv. In seiner Rolle als alleinerziehender Vater, der von seiner Frau verlassen wurde, fühlt er sich selbst jedoch manchmal überfordert. Hinter der gutbürgerlichen Fassade seines schönen Hauses herrscht durchaus keine heile Welt. „Eine Familie ist eine wandelnde Naturkatastrophe“ (S. 164), sagt er einmal und äußert den Wunsch, in seinem nächsten Leben ein buddhistischer Mönch ohne Anhang zu sein. Dennoch ist er sehr fürsorglich und kümmert sich, so gut er kann, um seinen schwerkranken Sohn. Auch für Saschas Sorgen und Nöte hat er ein offenes Ohr.

Nicht nur positiv

Eine uneingeschränkt positive Figur ist Volker indes nicht. Obwohl er weiß, dass sein Sohn sich in Sascha verliebt hat und am Tag zuvor von ihr „entjungfert" worden ist, sucht er Zuwendung und Sex bei dem viel jüngeren Mädchen. Als sie sich wehrt, erkennt er jedoch augenblicklich seinen Fehltritt und entschuldigt sich bei ihr. Auch wenn Sascha in ihn verliebt ist, wird er in der Folge eine Art Vaterersatz für sie, „lieb und fürsorglich" (S. 197). Ihm kann sie ihre Angst gestehen, seinen Namen ruft sie in der Not, als der Nachbarjunge Peter und seine Freunde sie bedrängen. Er kümmert sich um sie, als sie im Krankenhaus liegt, und bezieht auch Maria und Geschwister in seine Fürsorge ein. Bei ihm kann sie auch einmal weinen („‚Tut mir leid, dein Hemd ist jetzt ein bisschen nass, hier auf der Schulter'", S. 276) – etwas, was sie sich sonst versagt.

Volker ist es letztlich, der Sascha erkennen lässt, dass sie noch nicht erwachsen ist und sich wie eine normale Jugendliche benehmen darf. Er zeigt ihr, dass sie ein Recht darauf hat, Angst und Wut zu empfinden und dies auch deutlich zum Ausdruck zu bringen.

Marina

Saschas Sicht auf ihre Mutter

Saschas ermordete Mutter Marina lernen wir nur aus der Sicht ihrer Tochter kennen:

> „Sie war von der Sorte, die heute nicht mehr hergestellt wird – von allem ein bisschen mehr und ein bisschen besser und ein bisschen feiner. " (S. 23)

Kunst- und literaturinteressiert

Die Tochter schildert ihre Mutter rückblickend als eine schöne, musikalische und sprachbegabte Frau mit langen hennaroten Haaren, hellbraunen Augen und einem großen Mund. Marina hob sich deutlich von den Russlanddeutschen in dem Viertel ab, ja sie bildete einen Gegenpol zu jenen Einwanderern, die lieber in Unwissenheit verharren und von Sozialhilfe leben, als ihr Leben selbst in die Hand zu nehmen. Die Bildung ihrer Kinder war ihr sehr wichtig. Auch Marina hatte ständig ein „Buch in der Hand“ (S. 57) und las Sascha gute Stellen daraus vor. In Russland studierte sie Kunstgeschichte und trat in einem Theater auf, in Deutschland begann sie Artikel für Russlanddeutsche in einem kleinen Anzeigenblättchen zu schreiben, in denen sie ihre Landsleute auf kostenlose kulturelle Veranstaltungen hinwies. Sie liebte **Kunst und Literatur** und „half gern anderen, die noch weniger wussten und konnten als sie“ (S. 37). Der Haushalt war ihr dagegen nicht so wichtig, lieber engagierte sie sich in einer kleinen Theatergruppe – sehr zum Ärger ihres Ehemannes Vadim, der meinte, eine Frau gehöre in die Küche.

Trennung von Vadim, Neuanfang mit Harry

Durch die Arbeit für die Zeitung lernte sie später Harry kennen, einen sanften, sieben Jahre jüngeren Germanistikstudenten ohne Abschluss – „das genaue Gegenteil von Vadim“ (S. 37). Nach einem heftigen Streit, in dem Vadim die Kinder bedroht hatte, trennte sich Marina, die nur noch aus Mitleid mit ihm zusammen geblieben war, endlich von ihrem Ehemann. Alles hatte sie sich gefallen lassen, weil sie Vadim nicht hatte wehtun wollen, doch als dieser zum wiederholten Mal Anton als „Schwachkopf, Versager, Schlappschwanz“ (S. 175) demütigte, ihn sogar mit einem Gürtel körperlich anzugreifen drohte und dabei Sascha im Gesicht erwischte, war es mit ihrer Geduld vorbei. Sie schrie ihn an – sehr zu Saschas Verwunderung: „Bloß, dass meine Mutter so schrie, das habe ich kaum begreifen können. Sie schrie sonst nie. Wirklich nie.“ (S. 176)

Saschas Vorwürfe an ihre Mutter

Mit dem sensiblen Harry wollte Marina ein neues Leben beginnen, doch Vadim erschoss die beiden in einem Anfall von Eifersucht. Gerade ihre Weichherzigkeit, die dazu führte, dass sie so lange mit Vadim zusammenblieb, macht Sascha ihrer Mutter, dieser „mitleidigen Seele“ (S. 61), zum Vorwurf. Immer wieder beschimpft sie Marina als „dumme, dumme, dumme Frau“ (S. 22 f.), räumt aber

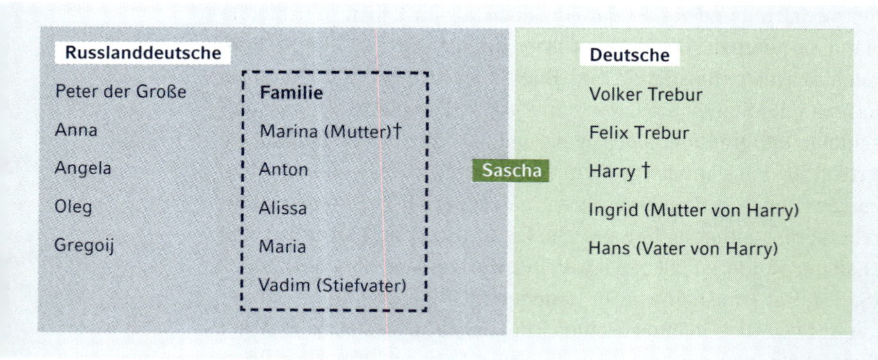

Weichherzigkeit als Verhängnis

zugleich ein, sie sei „nicht dumm, aber viel zu gefühlvoll" gewesen. (S. 12) So sehr die Mutter ihr auch ein **Vorbild** ist – ein weiches Herz und **zu viel Gefühl** erlaubt sich Sascha nicht, denn genau das ist es, was Marina aus Sicht der Tochter ins Unglück gestürzt hat.

3.5 Sachliche und sprachliche Erläuterungen

S. 9	**Solitär**	allg.: ein einzeln gefasster, besonders schöner Edelstein; in der Architektur auch ein einzeln stehendes oder in seiner Umgebung irgendwie auffälliges Gebäude
	Penthouse	exklusive Dachgeschosswohnung
S. 11	**Peter der Große**	Anspielung auf Zar Peter I. (1672–1725), genannt der Große, von 1682 bis 1721 Zar und Großfürst von Russland und von 1721 bis 1725 erster Kaiser des Russischen Reichs
S. 12	**Russlanddeutsche**	Sammelbegriff für deutschstämmige Zuwanderer ([Spät-]Aussiedler) sowie ihre Angehörigen, die sie bei der Aussiedlung aus der ehemaligen Sowjetunion begleitet haben
	Synapsen	Verknüpfungsstellen einer Nervenzellen mit einer anderen Zelle (Nervenzelle, Muskelzelle, Sinneszelle)
	Lyzeum	Gymnasium
S. 13	**Alfred-Delp-Schule**	Alfred Delp (1907–1945) war Jesuit und deutscher Widerstandskämpfer im Nationalsozialismus
S. 14	**Liquidität**	hier: Verfügung über viel Geld
	Integration	hier: Bezeichnung für die politische und gesellschaftliche Eingliederung von Bevölkerungsgruppen, die sich durch ihre ethnische Zugehörigkeit, ihre Kultur, Religion und Sprache unterscheiden
	„mit Migrationshintergrund"	Begriff für in Deutschland lebende Zuwanderer, der heute statt dem früher üblichen „Ausländer" verwendet wird. Durch die Anführungszeichen distanziert sich die Ich-Erzählerin ironisch von der politisch korrekten Redeweise.

S. 15	**Politur**	Mittel zum Polieren, also Glätten der Oberfläche, die dann glänzt
S. 21	**Märchen von der Schneekönigin**	*Die Schneekönigin* ist ein Märchen von Hans Christian Andersen, in dem ein kleines Mädchen seinen von der Schneekönigin entführten Spielkameraden sucht.
	Andersen	Hans Christian A., dänischer Dichter (1805–1875)
S. 22	**Tschernobyl**	Stadt in der Ukraine. Am 26. April 1986 kam es im Kernkraftwerk von Tschernobyl, das damals zur Sowjetunion gehörte, zu dem weltweit schwersten Reaktorunfall. Das freigesetzte radioaktive Material verstrahlte weite Teile der Ukraine und Russlands.
S. 24	**Nowosibirsk**	Stadt in Sibirien
	traumatisierten	Trauma: In der Psychologie seelische oder psychische Verletzung aufgrund eines nicht bewältigten Erlebnisses mit Langzeitfolgen wie Schlafstörungen, Stottern, Gedächtnisstörungen
	Bälger	Pl. v. Balg, umgangssprachlich für unartige Kinder
	Heidi Klum	deutsches Model und TV-Moderatorin
S. 26	**Borschtsch**	russisches Nationalgericht, Suppe mit Roter Bete zubereitet
	Sowjetzeiten	die Zeit vor dem Zusammenbruch der Sowjetunion 1991
S. 27	**transkribieren**	In eine andere Schrift übertragen
	kyrillisch	vor allem in slawischen Sprachen verwendete Schrift
S. 28	**akkurat**	sorgfältig, ordentlich
	Krieg und Frieden	berühmter historischer Roman von Leo Tolstoi (1828–1910) aus dem Jahr 1869

	orthodox	der strengen Lehrmeinung folgend; in diesem Zusammenhang ist der Begriff abwertend im Sinne von starr, unnachgiebig, strenggläubig verwendet. Möglicherweise ist o. hier aber auch religiös zu verstehen: Die v. a. in Russland beheimatete orthodoxe Kirche ist nach der katholischen die zweitgrößte des Christentums.
S. 29	**Leibeigene**	Die im Mittelalter in Europa – und in Russland bis in die Neuzeit – weit verbreitete Leibeigenschaft beruhte auf gegenseitiger Verpflichtung: Der Grundherr gewährte dem Bauern, der persönlich von ihm abhängig war und für das Heiraten oder Wegziehen vom Gutshof dessen Genehmigung bedurfte, juristischen und militärischen Schutz. Der Leibeigene entrichtete ihm dafür Abgaben und Dienste.
S. 30	**Kapitalertragssteuer**	besondere Form der Einkommenssteuer und Körperschaftssteuer
	Paracetamol	schmerzstillendes und fiebersenkendes Medikament
	Marsianer	Bewohner des Planeten Mars
	Visite	Krankenbesuch des Arztes
S. 31	**Utensilien**	Dinge, die man zu einem bestimmten Zweck braucht
	Beatles	britische Popband in den sechziger Jahren
S. 48	**Phallusersatz**	symbolischer Ersatz für den Penis
S. 49	**Kalaschnikow**	sowjetisch-russisches Maschinengewehr
S. 57	**Henna**	aus den Blättern und Stängeln des Hennastrauchs gewonnenes rotgelbes Haarfärbemittel
S. 67	**Impressum**	Angaben über Verleger, Redakteure, Druckerei in Zeitungen und Zeitschriften

S. 76	**Volontärin**	Auszubildende im Journalismus
	redigieren	einen Text oder Artikel für die Veröffentlichung stilistisch und inhaltlich korrigieren und verbessern
	Euphemismus	aus dem Griech. (euphemein): Beschönigung, Verhüllung
S. 77	**Ressortleiter**	bei der Zeitung Leiter eines bestimmten Ressorts, also Themengebietes
S. 81	**AG**	Arbeitsgemeinschaft
S. 86	**Auch du, Brutus**	eigentl. „Auch du, mein Sohn Brutus?": berühmtes historisches Zitat, angeblich die letzten Worte von Gaius Julius Cäsar bei seiner Ermordung am 15. März 44 v. Chr., als er erkannte, dass sich unter den Verschwörern auch der von ihm väterlich geförderte Brutus befand
S. 88	**Kasachstan**	überwiegend in Zentralasien, teils aber auch in Osteuropa gelegener Binnenstaat zwischen Kaspischem Meer und dem Altai-Gebirge mit Russisch als zweiter Amtssprache; nach dem Zerfall der Sowjetunion unabhängige Republik
	Masochismus	hier: selbstquälerisches Verhalten
	X-Chromosom	Geschlechtschromosom, das beim weiblichen Geschlecht doppelt vorliegt
S. 97	**Klischee**	festgefahrene Vorstellung, Vorurteil
S. 99	**Konversation**	oberflächliches, unverbindliches Geplauder
S. 100	**Belletristik**	die unterhaltende, schöngeistige Literatur, z.B. Romane oder Erzählungen
S. 102	***Pretty Woman***	US-amerikanische Filmliebeskomödie aus dem Jahr 1990 mit Richard Gere und Julia Roberts
S. 103	**Marcel Reich-Ranicki**	deutsch-polnischer Publizist und Literaturkritiker (1920–2013); unter dem Titel *Mein Leben* veröffentlichte er 1999 seine Autobiografie.
	John Irving	amerikanischer Schriftsteller (geb. 1942)

	Max Frisch	Schweizer Schriftsteller (1911–1991); zu seinen wichtigsten Werken zählt der Roman *Homo faber* (1957), in dem ein Mann mit seiner Tochter, von deren Existenz er nichts ahnt, ein inzestuöses Liebesverhältnis eingeht.
	Frank Schätzing	deutscher Schriftsteller (geb. 1957), dessen 2004 erschienener Roman *Der Schwarm* zum Bestseller wurde
S. 104	**Christina Aguilera**	US-amerikanische Sängerin und Schauspielerin (geb. 1980)
S. 107	**Calvin und Hobbes**	Comicstrip von Bill Watterson, in dessen Zentrum ein sechsjähriger Junge und sein (Stoff-) Tiger stehen
S. 110	**Negligé**	elegantes, verführerisches Nachthemd
S. 111	**Apocalyptica**	finnische Cello-Metal-Band
S. 114	**Ron aus den Harry-Potter-Filmen**	Die Rolle von Ron Weasley in den Verfilmungen von J. K. Rowlings Harry-Potter-Romanen spielte der britische Schauspieler Rupert Grint.
S. 117	**Erster Mai**	Tag der Arbeit, in Deutschland gesetzlicher Feiertag
S. 121	**James Bond**	Romane des Schriftstellers Ian Fleming um den britischen Geheimagenten, die allesamt verfilmt wurden
	Mission Impossible	Agenten-Filmreihe mit Tom Cruise in der Hauptrolle
	Gottes Werk und Teufels Beitrag	1985 erschienener Roman von John Irving, der 1999 vom schwedischen Regisseur Lasse Hallström verfilmt wurde
S. 122	***My Girl***	US-amerikanische Tragikomödie aus dem Jahr 1991
	Macaulay Culkin	US-amerikanischer Schauspieler (geb. 1980)

S. 123	**Paz de la Huerta**	US-amerikanische Schauspielerin und Model (geb. 1984)
S. 133	***Brokeback Mountain***	Filmdrama des amerikanisch-taiwanesischen Regisseurs Ang Lee aus dem Jahr 2005 über die homosexuelle Liebesbeziehung zweier Cowboys
S. 145	**Pneumologie**	Lungenheilkunde
S. 147	**Transplantat**	Organ oder Gewebe, das im Rahmen einer Transplantation in einen anderen Körper verpflanzt wird
S. 148	**Bronchien**	Luftwege in der Lunge
	pathetisch	oft abwertend: feierlich, allzu gefühlvoll
S. 149	**Gallensteine**	kleine Steinchen aus verfestigter Gallenflüssigkeit, die in der Gallenblase entstehen
	minimalinvasiv	mit kleinstmöglichem chirurgischen Aufwand verbunden
S. 150	**Allergen**	Stoff, der bei dafür empfindlichen Menschen eine Allergie auslösen kann
	Gendefekt	Veränderung des Erbgutes in einem Gen
S. 151	**Relaxantien**	muskelentspannende Medikamente
S. 155	**Dido**	britische Sängerin und Songwriterin (geb. 1971)
	Mary J. Blige	US-amerikanische Sängerin und Songwriterin (geb. 1971)
S. 165	**Bacardi**	beliebte Rum-Marke
	Charlize Theron	südafrikanische Schauspielerin (geb. 1975)
S. 167	**Standing Ovations**	lang anhaltender Applaus, bei dem das Publikum aufsteht
S. 169	**Kerosin**	Treibstoff für Flugzeuge
	Sushi	japanisches Gericht aus Reis und geräuchertem oder rohem Fisch

	Atoll	ring- oder hufeisenförmiges Korallenriff, das eine Lagune umschließt
	Mandelstam	Ossip Mandelstam: russischer Dichter (1891–1938)
	Shakespeare-Sonett	Der englische Dramatiker und Lyriker William Shakespeare (1564–1616) schrieb einen berühmten Zyklus von Sonetten, also Gedichten, die überwiegend von der Liebe handeln.
S. 171	**Pieter Breughel**	Maler der niederländischen Renaissance (1525/30–1569)
S. 172	**alte Meister**	in der Kunst Begriff für Künstler der Malerei des 14. bis 18. Jahrhunderts
S. 173	**Sopran**	höchste Frauen- oder Knabenstimme
S. 180	**Peter der Große**	s. Erläuterung zu S. 11
	Klebstoff-dämpfe	Offenbar konsumiert bzw. schnüffelt Peter Klebstoffdämpfe, was mit hohen gesundheitlichen Risiken (z. B. Gehirnschäden) verbunden ist.
	Marlon Brando	US-amerikanischer Schauspieler (1924–2004)
S. 184	**Nautilus Pompilius**	bis 1997 aktive russische Rockband
	Lollipops	deutsche Mädchenband
S. 186	**Die Fantastischen Vier**	deutsche Hip-Hop-Band
S. 188	**lethargisch**	träge, desinteressiert
S. 200	**Märtyrerin**	hier: eine Frau, die sich für ihre Überzeugungen opfert und Leid auf sich nimmt
S. 201	**Eminem**	US-amerikanischer Rapper (geb. 1972 unter dem Namen Marshall Bruce Mathers III)
	Mondschein-sonate	Klaviersonate von Ludwig van Beethoven

	Jesus Christ Superstar	1971 uraufgeführtes Musical von Andrew Lloyd Webber
	Bizets *Carmen*	Georges Bizet (1838–1875), französischer Komponist, der mit *Carmen* eine der erfolgreichsten Opern der Musikgeschichte schuf
S. 202	**Irkutsk**	Stadt in Russland in der Nähe des Baikalsees
	8 Mile	Die Eight Mile Road ist eine Straße in der US-amerikanischen Stadt Detroit, die als Synonym für soziale Ausgrenzung steht. *8 Mile* lautet der Titel eines 2002 entstandenen Films, in dem der junge Eminem die Hauptrolle spielt.
S. 203	**I'm sorry, Mama**	Zeile aus Eminems Song *Cleanin' out my closet* (vgl. S. 93 dieser Erläuterung)
	Arsen	umgangssprachl. für Arsenik, ein tödliches Gift
S. 204	**Botulismus**	Fleisch- bzw. Lebensmittelvergiftung
S. 205	**Marshall**	gemeint ist Eminem s. Erläuterung zu S. 201
	And Hailie is big now…	„Und Hailie ist groß geworden, du solltest sie sehen, sie ist schön, aber du wirst sie niemals sehen, sie wird nicht mal auf deiner Beerdigung sein." Cleanin' out my closet (s. Erläuterung zu S. 93)
S. 208	**Mascara**	Wimperntusche
S. 209	**Integral**	Begriff aus der höheren Mathematik
S. 216	**Exhibitionist**	Menschen, die sexuelle Lust dabei empfinden, sich vor Fremden zu entblößen
S. 218	**Informatik**	Wissenschaft von der systematischen Verarbeitung von Informationen, insbesondere mithilfe von Computern
S. 220	**Skates**	(auch: Inliner) Rollschuhe
	US-Chirurgen Robert White	Der Neurologe (1926–2010) wurde v. a. durch seine Kopfverpflanzungen bei Affen bekannt.

S. 228	**Republikaner**	(Abk.: Reps) deutsche rechtskonservative Partei
	NPD	Nationaldemokratische Partei Deutschlands, die programmatisch und ideologisch eine Nähe zur NSDAP Adolf Hitlers aufweist
S. 229	**Sex & Drugs**	„Sex and Drugs and Rock 'n Roll": Song von Ian Dury aus dem Jahr 1977
S. 234	**Black Maroc**	Cannabis-Sorte
	Black Domina	Cannabis-Sorte
	Lusche	Versager, Schwächling
S. 235	**Fascho**	Faschist
	Speed	Bezeichnung für die Droge Amphetamin
S. 245	**Gabeln, Gambits, Rochaden, französische Eröffnung**	Fachbegriffe aus dem Schach
S. 248	**Lara Croft**	Hauptfigur der Video- und Computerspielserie *Tomb Raider*
	Nabokov	Vladimir Nabokov, russisch-amerikanischer Schriftsteller (1899–1977)
	Pontius Pilatus	von 26 bis 36 n. Chr. römischer Statthalter in Judäa
	Kavalleristen-schritte	Kavallerist: Soldat der Kavallerie, also der Reitertruppen
S. 251	**Kirschbaum-blüte**	eines der wichtigsten Symbole der japanischen Kultur, Frühlingsanfang
	Sumo-Ringer	aus Japan stammende Form des Ringkampfs
	Sizilianische Eröffnung	Eröffnungszug beim Schachspiel (1. e2–e4 c7–c5)
S. 252	**stupide**	beschränkt, langweilig, monoton

S. 253	**Und meine Seele spannte weit ihre Flügel aus ...**	Zeile aus dem Gedicht *Mondnacht* von Joseph Freiherr von Eichendorff (1788–1857)
S. 254	**I'm still, I'm still Jenny from the block**	Zeile aus dem Song *Jenny from the block* der US-amerikanischen Sängerin Jennifer Lopez
	Patt	beim Schachspiel Endposition, bei dem keiner der Spieler mehr einen Zug machen kann, ohne seinen König ins Schach zu setzen
	Bauer	Spielfigur beim Schach
	Don't cry for me Argentina	Lied aus dem Musical *Evita* von Andrew Lloyd Webber und Tim Rice
S. 256	**rotierende**	rotieren: sich im Kreis oder um die eigene Achse drehen
S. 259	**Kalaschnikow**	s. Erläuterung zu S. 49
	Eunuch	junger Mann, der einer Kastration unterzogen wurde und in der Folge eine hohe Stimme behielt
S. 264	**Pille danach**	Pille, mit der sich nach einer Verhütungspanne eine Schwangerschaft verhindern lässt
S. 279	**Typen mit den Windmühlenflügeln**	Gemeint ist die Hauptfigur in Miguel de Cervantes Roman *Don Quijote* (1605–1615).
S. 281	**Tokio Hotel**	deutsche Band
S. 282	**Chagall**	Marc Chagall (1887—1985), französischer Maler
S. 285	**Gameboy**	tragbare Videospielkonsole
S. 286	**kyrillisch**	s. Erläuterung zu S. 27
	Sibirien	Gebiet in Russland
	Sowjetzeit	Die Sowjetunion bestand von 1922 bis 1991.

S. 287	**Irish Coffee**	irische Kaffeespezialität
	Marihuana	hier: Synonym für Haschisch
S. 288	**Paracetamol**	s. Erläuterung zu S. 30

3.6 Stil und Sprache

ZUSAMMEN-FASSUNG

Alina Bronskys Sprache ist betont schlicht und kunstlos. Die Sätze in *Scherbenpark* sind einfach gebaut, kurz und prägnant. Hauptsätze werden aneinandergereiht, oft unter Auslassung von Wörtern oder ganzen Satzteilen, wodurch das Geschriebene der gesprochenen Alltagssprache ähnlich ist. Einen breiten Raum nehmen in dem Roman Dialoge ein. Das Romangeschehen wird strikt aus der Ich-Perspektive erzählt, viele Ausdrücke entstammen der Jugendsprache. Die kurzen, stakkatoartigen Sätze erinnern insgesamt an Rap-Musik, auf die das Buch ausdrücklich Bezug nimmt.

Ich-Perspektive

Scherbenpark ist strikt aus der **Perspektive der Ich-Erzählerin Sascha** erzählt, hinter der die Autorin Alina Bronsky nie hervortritt. Ob es um die Menschen in ihrer Umgebung, um Häuser und Landschaften oder um die Ereignisse in der Vergangenheit geht – der Leser nimmt alles durch Saschas Augen wahr. Eine übergeordnete Erzählerinstanz, die das Geschehen kommentiert, gibt es nicht.

Betont einfache, schlichte Sprache

Der Roman zeichnet sich durch eine einfache, schlichte Sprache aus, die allein dazu dient, die Handlung voranzuführen. Von Beginn an besteht ein auffälliger **Kontrast zwischen Saschas Sprachliebe** – wie schon ihre Mutter vergöttert das Mädchen Sprache und Literatur – **und der Sprache ihrer Erzählung**, also des Romans, die sich bewusst kunstlos und frei von Finessen gibt. Saschas Sätze sind kurz und prägnant, mitunter bestehen sie nur aus ein, zwei Worten:

> „Ich hasse Männer. Alle, bis auf Anton.
> Und dann. Endlich dann. Ja." (S. 47 f.)
> „Seine Kinder. Das waren sie mal. Jetzt sind sie meine." (S. 48)

Elliptischer Stil

Alina Bronskys Stil ist elliptisch, das heißt, die Sätze sind oft unvollständig; Worte oder auch ganze Satzteile werden ausgespart:

> „Vadim kommt zu Besuch, um Alissa und Anton zu sehen. Bringt wie immer – wie früher – Schokolade mit." (S. 47)
> „Sie schrie sonst nie. Wirklich nie." (S. 176)
> „Wer schießt, wird erschossen, denke ich. Wie einfach und wie gerecht." (S. 56)

Häufig fehlt das Prädikat, wodurch das Geschriebene der gesprochenen Sprache ähnelt:

> „Die Seitenkante des umgekippten Tischs ist vollgestellt. Spraydosen, davon einige ausgebeult, Plastiktüten, halb volle Flaschen, Becher, Feuerzeuge, Messer, Schachteln, es sieht aus wie ein kleines dreckiges Labor." (S. 233)

Parataxen

Gerade das letzte Beispiel zeigt eine weitere Besonderheit von Alina Bronskys Roman, nämlich eine Neigung zu einem parataktischen Stil: Hauptsätze werden – oftmals nur durch Kommata getrennt – aneinandergereiht. Dadurch entsteht ein hohes Erzähltempo:

> „Dann geht alles noch schneller. Felix wird rausgezerrt und verschwindet auf einer Trage. Volker eilt hinterher, einen festen Griff um meinen Oberarm. Ich lasse mich mitschleppen. Meine Knie knicken fast ein." (S. 146)

> „Ich nehme jeden Schuh unter einen Arm und wandere barfuß, etwas hinkend, zum Solitär, der Asphalt ist noch ganz warm, die Beine fühlen sich an, als hätte jemand ein glühendes Bügeleisen darauf abgestellt." (S. 239)

Direkte Rede

Zugleich nimmt im Roman *Scherbenpark* die direkte Rede einen breiten Raum ein, wobei die Ich-Erzählerin ohne Bemühen um Abwechslung als Redeverben vor allem „sagt" und „fragt" verwendet:

> „‚Was hast du vor?', fragt Volker heiser.
> ‚Ich will hier schlafen', sage ich.
> ‚Hier?!' Jetzt klingt er völlig fertig.
> ‚Ja', sage ich. ‚Du kannst dir sicher sein, dass ich in diesem Haus nicht allein schlafen werde. Hier passiert ständig was. Ist ja fast wie bei uns.'
> ‚Und ich?', fragt Volker. ‚Wo soll ich hin?'
> ‚Ist doch genug Platz', sage ich. ‚Ich ziehe mich auch nicht aus, damit es keine Missverständnisse gibt.'
> ‚Ich glaube, du spinnst', sagt er." (S. 160)

Monotonie

Überhaupt schert sich Bronskys Ich-Erzählerin kaum um Wortwiederholungen, sondern setzt im Gegenteil auf stilistische Einfachheit und Monotonie. Auf diese Weise grenzt sie sich bewusst gegen jede künstlerisch überformte und – so könnte man vermuten – aus ihrer Sicht verlogene Sprache ab und tut erst gar nicht so, als ob es hinter ihren Äußerungen eine tiefere Bedeutung zu suchen gäbe:

> „Frau Mahler und der Mann nehmen mich in ihre Mitte und fahren mit mir Aufzug. Ich schweige, auch wenn es vielleicht unhöflich ist. Frau Mahler versucht mich anzulächeln. Ich versuche mich zu konzentrieren und sehe sie nicht an. Lieber sehe

Sascha (Jasna Fritzi Bauer) zwischen zwei Männern: Felix (Max Hegewald, Mitte) und dessen Vater Volker Trebur (Ulrich Noethen)
© picture alliance / dpa

> ich auf den Mann, der wiederum interessiert die Ziffern an den Knöpfen des Fahrstuhls studiert.“ (S. 71)

Die Sprache in *Scherbenpark* ist weitgehend frei von Bildern und Metaphern; nur gelegentlich gibt es Vergleiche, die dafür umso stärker ins Auge fallen:

Nur wenige Vergleiche

> „Dann fährt die Erkenntnis schnell wie ein ICE an mir vorbei und verschwindet wieder am Horizont.“ (S. 71)
> „Jedenfalls existiert zwischen diesen beiden Augenpaaren eine Verbindung, die so gespannt zu sein scheint wie ein Drahtseil.“ (S. 73)

Seltener Rückgriff auf poetische Schreibweisen

Mitunter greift Alina Bronsky auf etwas altertümliche Redeweisen zurück, um den Eindruck des Poetischen jedoch im nächsten Moment gleich wieder ironisch zurückzunehmen:

> „Der Zauber dieses Morgens ist verflogen, keine Ahnung, wann und wieso." (S. 118)
> „Dafür mag ich ihn noch zu sehr, auch wenn sein Zauber gerade in großen Stücken von ihm abbröckelt." (S. 159)

Die Haupthandlung in *Scherbenpark* ist im Präsens erzählt, wodurch ein Sog entsteht, der den Leser von der ersten Seite an unmittelbar in das Romangeschehen hineinzieht. Aus dem **scheinbar assoziativen Geplapper** Saschas, das auch vor Banalitäten nicht zurückscheut, entsteht zunächst das Bild einer sich tough und cool gebenden Heranwachsenden, die es mit jedem aufnehmen zu können glaubt. Nur wenn sie aus der subjektiven Sicht des Kindes, das sie einmal war, auf die Zeit mit ihrer Mutter und die ständigen Auseinandersetzungen mit deren Ehemann Vadim zurückschaut, verfällt Sascha ins Imperfekt. In diesen geschickt einmontierten und fragmentierten Erinnerungspassagen wird der Schmerz spürbar, den das Mädchen erlitten und der sie dazu gebracht hat, sich einen **Schutzpanzer aus Coolness** zuzulegen. Als der Streit zwischen der Mutter und Vadim eskaliert, wechselt die Erzählerin sogar innerhalb ein und desselben Satzes das Tempus, wodurch die Spannung gesteigert und der **Eindruck von Unmittelbarkeit** erzeugt wird:

Tempuswechsel

> „Und da dachte ich, dass er jetzt auf sie einpeitschen wird und dass ich mir schnell was überlegen muss, damit er sie nicht umbringt, und wo ist eigentlich das Telefon, sie ist wirklich so unordentlich, nie stellt sie den Hörer zurück ins Ladegerät." (S. 176 f.)

Passend zu ihrem Alter redet Sascha umgangssprachlich, ungekünstelt und schnoddrig daher. Dazu passt auch, dass immer wieder Ausdrücke wie „Scheiße“ (S. 53), „Arsch“ (S. 22), „verfickte Scheiße“ (S. 209), „fick dich“ (S. 27) „beschissen“ (S. 85), „Schwänze“ (S. 86) oder „Kotzen“ (S. 85) fallen, was im Erzählkontext natürlich und keineswegs aufgesetzt wirkt. Schnell wird klar, dass Sascha, die die Ermordung ihrer Mutter durch ihren Stiefvater miterleben musste, auf sprachliche Weise, eben durch das Schreiben, ihr Trauma zu überwinden versucht. Auch wenn sie sich nach außen cool und ironisch-altklug gibt, ist die existenzielle Not, aus der heraus Sascha schreibt, deutlich spürbar und wird einmal auch explizit angesprochen:

Umgangssprache

Schreiben als Versuch einer Selbsttherapie

> „Alle Szenen, die ich aufschreiben wollte, sind wie weggeblasen. Alle Wortfetzen, die ich aufzufangen versuche, sind banal. Warme Hände und Wiegenlieder und unanständige Witze und literweise Kaffee – das alles trifft es nicht. Ich habe nur ihr Gesicht vor Augen, und ich beginne zu tippen, um nicht zu erstarren wie Anton.“ (S. 57)

Nicht zufällig erinnern die rotzigen, kurzen, stakkatoartigen Sätze von Sascha, die sich **mit dem Musiker Eminem** identifiziert und zuhause oft mit ihm im Duett singt, selbst an manche Texte des Rappers:

Nähe zum Rap

> „Also singen wir oft zusammen, er seinen Text und ich meinen, bloß die Melodie ist gleich und die Richtung auch.“ (S. 202 f.)

Erst nachdem sie ihre Wut und Verzweiflung in einem Wutanfall, in dem sie Fenster und schließlich auch Bewohner der Siedlung mit Steinen bewirft, überwunden hat, kann Sascha die hasserfüllte, aggressive Sprache des Rappers hinter sich lassen – ein Zeichen ihres Erwachsenwerdens:

> „Es wäre übertrieben, zu sagen, dass ich jetzt gute Laune habe. Aber irgendetwas singt in mir, und zwar einen anderen Text als Eminem." (S. 288)

3.7 Interpretationsansätze

ZUSAMMEN-FASSUNG

Wir bieten einen Überblick über die verschiedenen Interpretationsansätze. *Scherbenpark* lässt sich z. B. verstehen:

→ als Coming-of-Age-Roman,
→ als ein Stück Migrantenliteratur,
→ als eine komische Tragödie in der Tradition des Schelmenromans.

Scherbenpark als Coming-of-Age-Roman

Scherbenpark wurde von Kritikern und auch vom Publikum oft als Jugendroman wahrgenommen – ganz entgegen der Absicht der Autorin. Obwohl das Buch heute, da die Grenzen zwischen Erwachsenen- und Jugendliteratur immer durchlässiger werden und man von All-Age- oder Crossover-Literatur spricht, gewiss auch erwachsene Leser anzusprechen vermag, handelt es sich doch um einen typischen Coming-of-Age-Roman, in dem ein Teenager in Konflikt mit der Erwachsenenwelt gerät und daran schließlich reift. Die Beispiele für den Adoleszenzroman, in dem meist ein/e Ich-Erzähler/in in flapsigem, saloppem, respektlosem Ton von den Mühen und Schmerzen des Erwachsenwerdens erzählt, reichen von J. D. Salingers Klassiker *Der Fänger im Roggen* (1951) über Benedict Wells' *Spinner* (2009) bis hin zu Wolfgang Herrndorfs *Tschick* (2010) oder Helene Hegemanns *Axolotl Roadkill* (2010).

Beispiel für All-Age-Literatur

Was Alina Bronskys Ich-Erzählerin von den meisten der jugendlichen Protagonisten solcher Romane unterscheidet, ist ihre für eine 17-Jährige schon sehr erwachsene, fast schon „vernünftige" Haltung. Während ihre Altersgenossen sich häufig der Realitätsflucht hingeben und der inneren Leere durch Partys und Drogenexzesse zu

Frühreife Haltung Saschas

entkommen versuchen, sorgt sich Sascha vor allem um das Wohl ihrer Geschwister. Sascha muss am Ende nicht lernen, Jugendträume und -illusionen aufzugeben, sondern vielmehr auch ihre eigenen Bedürfnisse als Heranwachsende ernst zu nehmen und auch einmal Verantwortung für die Familie abzugeben.

Scherbenpark als Migrantenliteratur

Migrantenliteratur

Obgleich Alina Bronsky bereits in jungen Jahren nach Deutschland zog und hier aufwuchs, kann ihr Roman im weitesten Sinne auch der „Interkulturellen Literatur" bzw. „Migrantenliteratur" zugerechnet werden. Dazu zählen

> „sprachliche Kunstwerke, deren Autoren einen einschneidenden Kultur- und meistens auch Sprachwechsel hinter sich haben. Sie [die Migrantenliteratur, M.L.] konstituiert sich jedoch erst in ihrer Schreibweise und ist per se nicht an Zuschreibungen von Sprache und Herkunft der Autoren gebunden."[24]

In vielen Werken dieses Genres – etwa Lena Goreliks *Meine weißen Nächte* (2004), Wladimir Kaminers *Russendisko* (2010) oder Olga Martynovas *Sogar Papageien überleben uns* (2010) – stehen Fragen kultureller und nationaler Identität sowie das „Anderssein" einer Minderheit in einem Land oder einer Gesellschaft im Vordergrund. Auch in Alina Bronskys Roman stoßen zwei Kulturen aufeinander: hier die Deutschen, die von der Ich-Erzählerin etwas stereotyp als überkorrekt, pazifistisch und wohlhabend beschrieben werden, dort die Russlanddeutschen, die, ebenfalls etwas stereotyp, als häufig alkoholisiert, gewaltbereit und bildungsfern dargestellt werden.

---

24 Hübner, Internetquelle siehe Literaturverzeichnis.

Milieustudien

Scherbenpark handelt indes nicht nur von kulturell-nationalen Gegensätzen. Auch soziale Unterschiede und Milieus spielen eine große Rolle – wobei natürlich im Falle der Russlanddeutschen das eine das andere bedingt. Die oberflächliche Sichtweise – hier die unglücklichen, aus Russland eingewanderten Gettobewohner, dort die glücklichen deutschen Bürger – liegt der Autorin jedoch fern. Bei näherem Hinsehen ist der Kontrast nämlich gar nicht so groß, wie es zunächst erscheinen mag. Die schicke Vorstadtvilla des Journalisten Volker Trebur ist keineswegs ein Hort der Glückseligkeit, und von einer heilen Welt kann auch hier nicht die Rede sein. Felix' Mutter ist nach Berlin gezogen, um Karriere als Fernsehmoderatorin zu machen, und hat ihren Mann und das schwerkranke Kind zurückgelassen. Auch Hans und Ingrid, die Eltern Harrys, des ermordeten Freundes von Saschas Mutter, haben trotz der gutbürgerlichen Verhältnisse und des spürbaren Wohlstandes große Schwierigkeiten, ihren Alltag zu bewältigen. Ihr von seinen Eltern behütet und in freundlicher Umgebung aufgewachsener Sohn Harry fand zu Lebzeiten keine Freunde, er war unglücklich, weil ihm nichts gelang. Entscheidet das Milieu, in dem jemand aufwächst, so fragt sich Sascha, wirklich darüber, ob aus ihm ein glücklicher Mensch wird? Auf den ersten Blick scheint einiges dafür zu sprechen:

> „Wenn ich hier aufgewachsen wäre, wäre ich eine ganz andere geworden, denke ich. Ich würde mich nicht prügeln, und ich würde wahrscheinlich auch weniger gnadenlos büffeln, selbst die Sachen, die mich überhaupt nicht interessieren, die Geschichte des Mittelalters, zum Beispiel. Ich wäre zum Siegen geboren und müsste mich nicht so verzweifelt abstrampeln, um allen zu beweisen, dass ich auch wer bin. (...) Ich wäre locker, angstfrei und gleichgültig." (S. 41 f.)

Doch sogleich wendet sie ein: „Na gut, das [locker und angstfrei; M. L.] bin ich jetzt auch." (S. 42)

Ihre Begegnung mit Familien wie Harrys Eltern oder Volker und Felix Trebur führt Sascha vor Augen, dass es hinter der schönen Fassade ganz anders aussehen kann, als man auf den ersten Blick meinen könnte, und dass das Aufwachsen im „richtigen" Milieu noch längst kein Garant für Glück und Lebenszufriedenheit ist.

Scherbenpark als Schelmenroman

Schelmenroman

In die Tradition eines Schelmenromans wie Grimmelshausens *Der abenteuerliche Simplicissimus* (1668) stellte der Kritiker und Autor Burkhard Spinnen *Scherbenpark*. Spinnen war einer der Juroren des Ingeborg-Bachmann-Wettbewerbs 2008, bei dem Alina Bronsky einen Auszug aus dem Roman vorlas. Spinnen erkannte darin die „Grundhaltung simplizianischen Erzählens: Ich stelle mich im Chaos naiv, damit sie mich nicht packen."[25] Auch Alina Bronsky selbst ging auf diese scheinbar naive, humoristische Erzählhaltung ein und erklärte in einem Rundfunk-Interview, ihre Absicht sei es gewesen, eine tragische Geschichte auf lustige Weise zu erzählen:

Tragisches komisch erzählen

> „Ich hatte diesen Anspruch an mich, wenn ich schon so eine manchmal schon stellenweise tragische Geschichte erzähle, dass ich sie komisch erzähle, das ist glaube ich auch die beste, legitimste Art, mit traurigen Sachen umzugehen, sie humorvoll zu beschreiben, was sie zwar nicht verharmlost, aber, ich weiß nicht, erträglicher macht? Und letztendlich ist es ja auch wie das Leben selbst, wo schlimme Sachen neben komischen passieren

---

25 Sendung zum Ingeborg-Bachmann-Wettbewerb 2008, Lesung und Diskussion, ORF Kärnten, Beitrag Burkhard Spinnen.

und man ein Stück weit versucht, über schlimme hinwegzukommen."[26]

Bewusste Verwendung von Stereotypen

Auch auf den gelegentlich von Kritikern geäußerten Vorwurf, die Darstellung der Russlanddeutschen und auch der Deutschen in ihrem Roman sei klischeehaft, ging Alina Bronsky in diesem Zusammenhang ein und bemerkte, sie habe diese Stereotypen bewusst eingesetzt:

„Ja, ich hab in der Tat mit vielen Klischees gearbeitet, weil ich sie auch unterhaltsam fand, und ich fand es auch legitim, wenn man sie mit Leben füllt. Es ist aber ein Roman, also ich hab jetzt nicht ein gesellschaftliches Bild gezeichnet von Bewohnern der Hochhäuser."[27]

26 Zit. nach Deistler, Internetquelle siehe Literaturverzeichnis.
27 Ebd.

4. REZEPTIONSGESCHICHTE

ZUSAMMENFASSUNG

- Bei der Jury des Ingeborg-Bachmann-Wettbewerbs 2008 erhielt Alina Bronsky nach ihrer Lesung aus dem Roman nur gemischte Kritiken.
- Nach seinem Erscheinen im Herbst 2008 waren die Rezensionen dennoch überwiegend positiv. Einige Kritiker stießen sich aber an der klischeehaften Darstellung von Russlanddeutschen und Deutschen, der Detailverliebtheit sowie der sprachlichen Schlichtheit des Romans.
- Beim Publikum kam *Scherbenpark* sehr gut an (2015 erschien bereits die 11. Auflage).
- 2010 kam die erste Theateradaption des Romans auf die Bühne, 2013 hatte die Verfilmung Kinopremiere.

Bronskys Roman im Spiegel der Kritik

Kritik beim Ingeborg-Bachmann-Wettbewerb

Als Alina Bronsky im Sommer 2008 beim Ingeborg-Bachmann-Wettbewerb erstmals aus ihrem Roman *Scherbenpark* vorlas, waren die Kritiker in ihrem Urteil gespalten. Während die einen den genauen Blick und die Detailfreude priesen, bemängelten andere die sprachliche Schlichtheit, den „Hang zum Deftigen" und die „Pseudonaivität" des angeblich hochbegabten Mädchens sowie vor allem die klischeehafte Darstellung von Russlanddeutschen und Deutschen.[28]

Positive Aufnahme in den Feuilletons

Dagegen wurde der Roman, der im Herbst desselben Jahres als Spitzentitel beim Verlag Kiepenheuer & Witsch erschien, in

28 Vgl. Sendung zum Ingeborg-Bachmann-Wettbewerb 2008, Lesung und Diskussion, ORF Kärnten.

den deutschen Feuilletons überwiegend positiv besprochen. In der *Frankfurter Allgemeinen Zeitung* zeigte sich **Oliver Jungen** begeistert über das Romandebüt, das schnörkellos und scheinbar vollkommen kunstlos vom Leben in einem russlanddeutschen Aussiedler-Getto erzähle:

Porträt einer Parallelwelt

> „Saschas Entwicklung wird trotz der einfachen Sprache so glaubhaft und psychologisch avanciert vergegenwärtigt wie nur denkbar und ist zugleich ein schonungsloses und gewitztes Porträt jener Parallelwelt Aussiedlersiedlung, von der bislang viel zu wenig zu lesen war (...)“[29].

Fein beobachtete Milieustudie

In der *taz* lobte die ebenfalls begeisterte **Lavinia Meier-Ewert** „eine fein beobachtete Milieustudie“[30] und stellte die besondere, durch ihre fremde Herkunft geprägte Sicht Alina Bronskys auf die Deutschen positiv heraus. Bronsky charakterisiere nicht nur die Russlanddeutschen in ihrer Umgebung, sondern zugleich die deutsche Gesellschaft, in der sie lebe, auf treffsichere und amüsante Weise.

Kein Kokettieren mit Skurrilitäten

Auch **Jörg Magenau** pries in der *Süddeutschen Zeitung* Bronskys Roman als ein „schwungvolles, ziemlich makelloses Debüt“, das Wladimir Kaminers deutsch-russischen Geschichten durchaus Konkurrenz mache. Der SZ-Kritiker betonte, Alina Bronsky widerstehe der Versuchung, den fremden Blick auf die Kulturen auszubeuten: „Sie kokettiert nicht mit folkloristischen Skurrilitäten“[31].

Mehr als nur ein pittoreskes Unterschichtsdrama

In der *Frankfurter Rundschau* zeigte sich **Barbara von Becker** sehr von dem Debütroman angetan. Allerdings räumte sie ein, die Geschichte verliere „den kessen Schwung der ersten hundert Sei-

---

29 Jungen, Internetquelle siehe Literaturverzeichnis.
30 Meier-Ewert, Internetquelle siehe Literaturverzeichnis.
31 Magenau, Internetquelle siehe Literaturverzeichnis.

ten". Alina Bronskys *Scherbenpark* laufe jedoch niemals Gefahr, „in der literarischen Schublade ‚pittoreskes Unterschichtsdrama' zu landen", sondern verbinde das klassische Adoleszenzthema „mit beeindruckend sozialkritischen Studien zu unserer aktuellen europäischen Wirklichkeit von Menschen mit dem viel zitierten Migrationshintergrund".[32]

Kritische Stimmen

Ganz anders urteilte **Judith Leister**, die in der *Neuen Zürcher Zeitung* die Schwarz-Weiß-Malerei in dem Roman kritisierte. Bei allem Vergnügen, das ihr die Lektüre von *Scherbenpark* bereitet hatte, stieß sich die Kritikerin an den Klischees in der Darstellung von Russlanddeutschen und Deutschen – hier „eine bis zur Blödheit hin pazifierte deutsche Gesellschaft", dort die brutalen Russen. Dieses nur an wenigen Stellen durchbrochene Schema, das wie „eine Übung in politischer Korrektheit bzw. deren Durchkreuzung"[33] anmute, erschien der Rezensentin dann doch zu bemüht.

Gänzlich negativ fiel das Urteil des Kritikers **David Hugendick** in der *ZEIT* aus:

Hyperzuverlässige Erzählerin?

„Alina Bronskys Heldin ist eine hyperzuverlässige Erzählerin. Sie teilt uns mit, welchen Film sie im Kino guckt, wo das Popcorn steht, ob's im Haus einen Fön gibt und wie die Dunstabzugshaube funktioniert. Wenn sie die Bücher auf dem Nachttisch beschreibt, wartet man nur noch auf die ISBN-Nummer. Ihre Begegnungen mit anderen lesen sich so: ‚Sie hat kurzes schwarzes Haar, das verspielt gelockt ist, ziemlich rote Lippen und leicht zusammengekniffene Augen. Sie trägt ein eng anliegendes cremefarbenes

---

32 Becker, Internetquelle siehe Literaturverzeichnis.
33 Leister, Internetquelle siehe Literaturverzeichnis.

> Oberteil und eine dunkle Hose.‘ Man kann das Verdichtung nennen, muss man aber nicht.“[34]

Einen wirklichen Erzählbogen hingegen vermisst der *ZEIT*-Kritiker und stellt fest, wir begegneten zwar „Hochhäusern, Hartz IV, Alkohol, schreienden Kindern, erstem Sex, fiesen Russenbanden, stotternden Neonazis, Mord und Totschlag, aber das Ganze bleibt requisitenhaft.“[35]

Publikumserfolg und Nominierungen

Während die Kritik in ihrem Urteil also gespalten war, kam Alina Bronskys Debütroman beim Publikum gut an. Noch im Erscheinungsjahr 2008 wurde *Scherbenpark* für den Aspekte-Literaturpreis und 2009 für den Deutschen Jugendbuchpreis nominiert.

Adaptionen für Film und Theater

Theaterfassungen

In der Folgezeit entstanden mehrere Theaterversionen des Romans, die erste wurde im Juli 2010 im Theaterhaus Stuttgart aufgeführt. Es folgten u. a. Inszenierungen am Deutschen Theater Berlin 2010 oder am Theaterhaus Frankfurt 2011.

Verfilmung mit Jasna Fritzi Bauer und Ulrich Noethen

2011 drehte die Regisseurin Bettina Blümner, die bereits 2007 in ihrem Dokumentarfilm *Prinzessinnenbad* drei pubertierende Mädchen aus Berlin-Kreuzberg begleitet hat, den Film *Scherbenpark* mit Jasna Fritzi Bauer als Sascha, Ulrich Noethen als Volker Trebur und Max Hegewald als dessen Sohn Felix. Blümners Literaturverfilmung kam 2013 in die Kinos und erhielt gute Kritiken (u. a. Publikumspreis und Preis der Jury der deutschsprachigen Filmkritik beim Filmkunstfest Mecklenburg-Vorpommern 2013). Im Gutachten der Deutschen Film- und Medienbewertung heißt es über den Film:

---

34 Hugendick, Internetquelle siehe Literaturverzeichnis.
35 Ebd.

> „Mit der Adaption des gleichnamigen Romans von Alina Bronsky ist Regisseurin Bettina Blümner und der Drehbuchautorin Katharina Kress eine ungewöhnliche Mischung aus Sozialstudie, Coming-of-Age-Story und Tragikomödie gelungen. In der Hauptrolle beeindruckt Jasna Fritzi Bauer mit ihrem ausdrucksstarken und nuancenreichen Spiel. Angesiedelt in einer typischen Plattenbausiedlung vermittelt der Film eine authentische Stimmung, die sich auch glaubhaft in den hervorragend natürlichen Dialogen und dem Umgang mit den Figuren widerspiegelt. Als perfekt kontrastierende ‚Gegenwelt' wirkt das Zuhause des Chefredakteurs. Ulrich Noethen verkörpert ihn gewohnt präzise, als Gutmensch mit eigenen Unsicherheiten. Und Max Hegewald als Felix ist die pure jungmännliche Unschuld, die auf Saschas geballte Mädchenpower trifft. Dieses Zusammentreffen der sozialen Schichten wirkt an manchen Stellen sehr komisch, bewahrt aber immer seinen dramatischen Grundton, ohne jemals in Pathos abzugleiten. Ein starker Film über ein starkes Mädchen, mit einer Darstellerin, die man sich merken muss."[36]

Die Verfilmung folgt zwar weitgehend der Romanvorlage, weist aber auch einige interessante Unterschiede auf:

→ Die Episode mit dem Studenten und NPD-Anhänger Volker fehlt im Film.

→ Die Figur von Peter „dem Großen" ist im Film deutlich positiver und sympathischer gezeichnet als im Roman: So wird die Film-Sascha von Igor überfallen, aber von Peter, der offenbar in Sascha verliebt ist und im letzten Moment dazwischengeht, gerettet.

---

36 FBW-Pressetext, http://www.fbw-filmbewertung.com/film/scherbenpark, Stand: August 2016.

→ Auch im Film bricht Sascha am Ende nach Prag auf, verabschiedet sich jedoch nicht nur von ihren Nächsten, sondern hat dazu auch einen besonderen Grund: Im Film wohnt ihr leiblicher Vater in Prag, der ihr nach Vadims Selbstmord einen Brief schreibt und sie zu sich einlädt. Sascha will ihn nun doch kennenlernen.

5. MATERIALIEN

Sprachkenntnisse russlanddeutscher Einwanderer

Maria als typische Einwanderin der älteren Generation

Mit der Figur der Maria, die kaum ein Wort Deutsch spricht und auch in ihrer neuen Heimat an alten Sitten und Ideen festhält, zeichnet Alina Bronsky den typischen Einwanderer der älteren Generation. Die jüngeren Russlanddeutschen in ihrem Roman dagegen zeigen eine Mischung aus Minderwertigkeitsgefühlen und Größenwahn. Zu der Identitätsentwicklung der Russlanddeutschen im Allgemeinen schrieb das Bundesamt für Migration und Flüchtlinge (BaMF) 2013:

„Mit Blick auf die Identitätsentwicklung befindet sich insbesondere die ältere Generation in einem Spannungsverhältnis zwischen der Eigenwahrnehmung als Deutsche und der tatsächlichen Erfahrung der Differenzen mit der Kultur der Mehrheitsbevölkerung in Deutschland. Die jüngere Gruppe der (Spät-)Aussiedler steht vor spezifischen Herausforderungen, da sie nur noch begrenzt als ‚geschädigte' deutsche Volkszugehörige wahrgenommen werden. Diskrepanzen mit Blick auf die kulturelle Zugehörigkeit können in der Adoleszenz zu Formen verstärkter Selbstethnisierung, zum Verstecken von Identitätsanteilen und gesteigerter Suche nach Anerkennung führen."[37]

Junge Russlanddeutsche und Neonazis

Interview mit jungen Russlanddeutschen

Alina Bronskys Roman zeigt die Vorurteile, mit denen Russlanddeutsche hierzulande konfrontiert sind, aber auch deren eigene

37 Bund/Worbs, S. 10.

Aggressionen und Abgrenzungsversuche. In einem Interview der *Berliner Zeitung* aus dem Jahr 1997 mit russlanddeutschen Jugendlichen in Berlin-Marzahn äußerten sich Wiktor (21), Swjetlana (16), Boris (15) und Wowa (11) über ihren Alltag in Deutschland:

„*Ständig gibt es Zoff zwischen Deutschen und Deutschen in Marzahn. Wieso?*
Wiktor: Die Nazis sind schuld. Sie beleidigen und beschimpfen uns, machen uns an. Dagegen wehren wir uns. Mit den anderen Jugendlichen kommen wir gut klar.
Swjetlana: Zum Beispiel Punks sind voll okay. Die sind friedlich und nett.
Wiktor: Im Gegensatz dazu die Nazis. Und von denen gibt es in letzter Zeit mehr und mehr. Am Anfang kamen nur wenige zu den Prügeleien. Jetzt ist es ein richtiger Haufen. Die hetzen gegen uns. Wir hetzen gegen die. So wächst der Hass von Tag zu Tag. Die Leute kennen sich nicht und schlagen aufeinander ein. Aber das ist doch überall so zwischen Jugendlichen, oder?
Wieso hassen die Marzahner Jugendlichen euch so?
Swjetlana: Für die Nazis sind wir Ausländer – Russen. Sprächen wir Deutsch, wär's anders. Aber so.
Wiktor: Es gibt zwischen uns und denen einfach keinen Berührungspunkt. Das betrifft die Sprache, aber nicht nur sie: Russlanddeutsche und Deutsche stammen aus verschiedenen Kulturen. Der Unterschied ist schwer zu beschreiben. Wir müssten erst mal wieder lernen, miteinander zu reden. Beziehungen herstellen. Dann hören die Nazis auch auf.
Swjetlana: Quatsch. Daran haben die doch gar kein Interesse. Immer fängt es mit so kleinen Sachen an. Zum Beispiel: Wir machen Sport. Unser Ball fliegt rüber zu denen. Sie schmeißen ihn in den Dreck.

Dann geht's weiter mit Beleidigungen, mit Schubsen und schon stecken wir wieder mittendrin.
Wiktor: Eine Versöhnung ist quasi unmöglich.
Swjetlana: Die Nazis haben uns schon wieder einen neuen Termin genannt für die nächste Prügelei. An irgendso 'nem Nazi-Feiertag.
Und wenn Ihr da nicht hingeht?
Boris: Kennen Sie das Wort Ehre? Bleiben wir weg, heißt es, wir haben die Hosen voll.
Swjetlana: Dann können wir uns wochenlang anhören, dass wir Feiglinge sind. Die Deutschen machen es uns echt nicht leicht. Aber die Russen sind auch nicht alle Engel.
Seht Ihr euch als Russen oder Deutsche?
Boris: Wir sind Deutsche. Nur eben in Russland geboren.
Swjetlana: Ich glaub: Hätte es nicht den Krieg gegeben, wären wir sowieso hier geboren worden.
Wiktor: In Russland waren wir die Deutschen, in Deutschland sind wir die Russen. Alles wäre vorbei, wenn wir akzeptiert würden. Aber hier läufst du über die Straße und es werden dir Beleidigungen hinterhergerufen. Das ist einfach unangenehm."[38]

Realität im Roman zur Karikatur verzerrt

Interview mit dem Goethe-Institut in Israel

In einem Interview mit dem Goethe-Institut in Israel betonte Alina Bronsky, dass sie nicht eine soziologische Studie über Russlanddeutsche geschrieben hat, sondern einen Roman, der die Realität auch schon mal ins Karikaturhafte verzerrt:

„Ich betone immer wieder, dass mein Buch ein rein fiktiver Roman ist und keine Sozialreportage, die ernsthaft und detailgetreu sozio-

38 Henneke, Internetquelle siehe Literaturverzeichnis.

logische Probleme erörtern würde. Zudem ist der Roman aus der subjektiven Sicht einer sehr wütenden 17-Jährigen erzählt. Man sollte meine Heldin Sascha samt ihren gnadenlosen Urteilen nicht mit mir als Autorin verwechseln. Stellenweise ist der soziale Brennpunkt in meinem Roman sogar zur Karikatur verzerrt. Aber gerade daher kommt meine Beschreibung der Realität auf ihre Art durchaus sehr nahe. Ich habe in meiner Jugend viel Zeit in diesem Milieu verbracht und musste für das Buch nicht extra recherchieren. Im wahren Leben würde ich mich aber vor jeder Verallgemeinerung hüten. Fest steht, dass jede Auswanderung eine harte Situation ist, die oft mit Stress und Frust verbunden ist."[39]

Eminems Song *Cleanin' out my closet*

Schwierige Kindheit, anhaltende Wut auf die Mutter

Während sie ihren Gedanken, wie sie ihren Stiefvater Vadim am besten umbringen könnte, nachhängt, geht Sascha eine Zeile aus Eminems Song *Cleanin' out my closet* durch den Kopf (vgl. S. 202 f.). Darin erzählt der US-Rapper eindrucksvoll von seiner schwierigen Kindheit und drückt seine anhaltende Wut auf seine Mutter aus. Eine vollständige Übersetzung dieses Rapsongs findet sich im Internet:

→ www.songtexte.com/uebersetzung/eminem/cleanin-out-my-closet-deutsch-13d685f9.html (Stand: August 2016)

39 Bronsky im Interview mit dem Goethe-Institut, Israel, abrufbar unter: http://www.goethe.de/ins/il/lp/kul/mag/lit/de4012494.htm (Stand: August 2016).

6. PRÜFUNGSAUFGABEN MIT MUSTERLÖSUNGEN

Unter www.königserläuterungen.de/download finden Sie im Internet zwei weitere Aufgaben mit Musterlösungen.

Die Zahl der Sternchen bezeichnet das Anforderungsniveau der jeweiligen Aufgabe.

Aufgabe 1 **

Beschreiben Sie das Bild, das die Ich-Erzählerin Sascha von Russlanddeutschen zeichnet. Analysieren Sie, inwieweit der in einigen Rezensionen zu dem Buch geäußerte Vorwurf zutrifft, es handele sich dabei um Vorurteile und Klischees.

Mögliche Lösung in knapper Fassung:

BESCHREIBUNG

Das Bild, das die Ich-Erzählerin Sascha von den russlanddeutschen Einwanderern in ihrem Wohngebiet zeichnet, ist überwiegend negativ. Die Jugendlichen, die sie beschreibt, hängen hochfliegenden Träumen von schnell verdientem Geld, sozialem Aufstieg und Luxus nach. Ihre Tage verbringen sie auf einem nahegelegenen verwahrlosten Waldstück, das „Scherbenpark" genannt wird, wo sie versuchen, der tristen Realität mit Hilfe von Alkohol und Drogen zu entfliehen. „Hartz IV und gebrochenes Deutsch" (S. 195), auf diesen Nenner bringt Sascha einmal im Streit mit dem Nachbarjungen Peter das Leben der Gleichaltrigen in ihrer Umgebung, die sie sofort an ihrem „verlorenen Blick" (S. 232) erkennt.

Auch die russlanddeutschen Erwachsenen schneiden in Saschas Darstellung nicht gut ab. Sie sind weder bereit, Deutsch zu lernen, noch, sich um Bildung oder Arbeit zu bemühen. Auch in der neuen Heimat halten sie an ihren alten Gepflogenheiten und Traditionen fest – wie Maria, die sich nach dem Tod von Saschas Mutter um die Kinder kümmert und auch nach zwei Jahren Aufenthalt kaum einen deutschen Satz sprechen kann. Den ganzen Tag kocht sie; ihre einzige Lektüre besteht in einem russischen Hausfrauenkalender, die Schulbildung der Kinder ist ihr eher gleichgültig.

ANALYSE

Sascha lehnt Maria ab und spottet über sie; im Laufe des Buches aber lernt sie deren Großherzigkeit und Fürsorglichkeit doch zu schätzen. Damit allerdings entkräftet sie nicht das Vorurteil von der einfältigen Russin, das sie zuvor gezeichnet hat. Vielmehr passt die mütterliche Güte der dicken Maria perfekt in das Klischee von der dummen und abergläubischen russischen Matrone mit dem großen Herzen.

So klischeehaft Saschas Darstellung ihrer Landsleute einerseits ist, so empfindlich reagiert sie andererseits, wenn Deutsche Vorurteile über ihre Landsleute äußern. Als etwa der Neonazi Volker behauptet, „die saufen sich zu Tode. Die sind degeneriert" (S. 228), rächt sie sich an ihm, indem sie ihn zu dem „Scherbenpark" lockt, wo die russlanddeutschen Jugendlichen ihn gegen seinen Willen zum Konsum von Drogen und Alkohol nötigen.

Insgesamt zeigt sich also ein zwiespältiges Ergebnis: Alina Bronskys Roman bestätigt einerseits allgemeine Vorurteile über Russlanddeutsche und steigert sie – zum Beispiel in der überzeichneten Figur Marias oder auch des alkoholabhängigen Grigorij – ins Komische, Karikaturhafte. Zugleich aber schiebt Alina Bronsky andererseits ausländerfeindlichen Vorurteilen der Deutschen einen Riegel vor. Als russisch-deutsch-jüdische Autorin darf sie selbst mit Klischees spielen und sie humorvoll auf die Spitze treiben. Ausländerfeindlichen Sprüche und abfälligen Bemerkungen über „die Russen" seitens der Deutschen tritt sie jedoch entschieden entgegen.

Aufgabe 2 *

Im Film zum Roman *Scherbenpark* sagt Sascha gegen Ende hin: „Ich dachte immer, dass ich im Kopf schon erwachsen bin, aber ich bin noch nicht so weit." Charakterisieren Sie die Roman-Sascha in Bezug auf diese Aussage, und erläutern Sie, was sie mit „erwachsen" meint.

Mögliche Lösung in knapper Fassung:

CHARAKTERISIERUNG

Nach der Ermordung ihrer Mutter und der Verhaftung des Stiefvaters standen Sascha und ihre beiden jüngeren Geschwister Anton und Alissa ganz allein da. Die aus Sibirien angereiste entfernte Verwandte Maria, die sich um die Kinder kümmern soll, kocht zwar und sorgt sich liebevoll um ihr leibliches Wohl. Mit Schule, Behördengängen und vielen Fragen des täglichen Lebens in Deutschland ist die russische Frau, die kaum ein Wort Deutsch spricht, jedoch vollkommen überfordert. Daher muss Sascha als älteste Schwester schon früh Verantwortung für ihre Geschwister tragen und viele Aufgaben übernehmen. Sie ist sehr selbstständig, lässt sich von niemandem etwas sagen, sie nimmt die Dinge in die eigene Hand und will nicht die Kontrolle verlieren. Ihre eigenen Sorgen und Ängste drängt sie in den Hintergrund, sie muss sich zusammenreißen, damit nicht das, was von ihrer Familie noch übrig ist, auseinanderbricht oder auseinandergerissen wird. Wie ihr Bruder Anton ist sie durch die Ermordung ihrer Mutter traumatisiert, aber sie lässt die Angst nicht zu. „Im Gegensatz zu Anton habe ich keine große Schwester, die mich dann zurück ins Leben holt. Ich bin mir selber die große Schwester" (S. 67).

Als sich der um einiges ältere Zeitungsredakteur Volker, in den sie sich verliebt hat, ihr körperlich nähert, wird Sascha auf einmal klar, dass sie erst 17 Jahre alt – und damit längst noch nicht erwachsen – ist: „Ich dachte, ich wäre schon alt" (S. 161), sagt sie zu Volker, um ihm zu erklären, warum sie ihn zurückgewiesen hat. Sie habe aber erkannt, dass sie noch nicht alt genug sei. Erwachsene hätten ein anderes Tempo, und sie brauche ihre Zeit.

Kurz darauf gibt es ein weiteres Ereignis, das Sascha vor Augen führt, dass sie noch keineswegs erwachsen ist. Nachdem sie von den Jugendlichen aus ihrem Viertel angegriffen wurde, ruft sie Volker an und gesteht ihm ihre Angst ein: „Mir gelang alles. Früher. Ich hatte keine Angst. Bis heute Abend. Jetzt habe ich wieder Angst. Und habe Angst vor noch mehr Angst." (S. 198) Sascha wird bewusst, dass sie nicht immer stark sein und funktionieren muss, sondern auch Schwäche und Angst zeigen darf.

ERLÄUTERUNG

Ebenso wie Verantwortungs- und Pflichtbewusstsein – was Sascha ja durchaus besitzt – gehört es zum Erwachsensein, in bestimmten Situationen auch Verantwortung abzugeben und sich die eigene Schwäche und Bedürftigkeit einzugestehen. Das hat Sascha gelernt, wenn sie am Ende meint: „Ich habe hier nichts mehr zu tun. Ich habe das Gefühl, sie kommen jetzt auch ohne mich zurecht." (S. 286)

Aufgabe 3 ***

Die Ich-Erzählerin aus dem Roman *Scherbenpark*, Sascha, hat eine feste Meinung zu Personen wie Maria, Vadim und Oleg. Fassen Sie zusammen, welches Bild sie von ihren Mitmenschen zeichnet. Erläutern Sie, warum Saschas Urteile nicht zuverlässig, ja in mancher Hinsicht sogar fragwürdig sind.

Mögliche Lösung in knapper Fassung:

ZUSAMMENFASSUNG

Alina Bronskys Roman *Scherbenpark* ist strikt aus der Perspektive der 17-jährigen Sascha erzählt. Als Leser sehen wir die anderen

Figuren des Romans ausschließlich durch die Augen der Ich-Erzählerin. So beschreibt Sascha ihren Stiefvater Vadim als einen reizbaren, gewalttätigen Mann, der seine Frau Marina und die Kinder ständig zurechtweist, beschimpft und auch zu schlagen droht. Seit er nach Deutschland gekommen ist, verbringt der arbeitslose Mann seine Tage vor dem Fernseher. Er hasst alle Deutschen ebenso wie alle Russen, äußert sich abfällig über Frauen und sucht die Schuld für seine Misere stets bei anderen. Seiner Frau wirft er vor, sie vernachlässige über ihrer Arbeit für Theater und Zeitung den Haushalt und die Kinder. Seinen kleinen Sohn Anton nennt er wegen dessen schlechter Schulleistungen einen „Schwachkopf, Versager und Schlappschwanz" (S. 175) und Sascha eine „uneheliche Missgeburt" (S. 52). In einem Anfall von Eifersucht erschießt er Marina und deren Geliebten Harry, was ihn in Saschas Augen zu einem „Unmenschen" (S. 46) macht, der den Tod verdient hat. Auch von Vadims Cousine Maria zeichnet die Ich-Erzählerin ein überwiegend negatives Bild. Maria, die früher in einer Kantine in Nowosibirsk gearbeitet hat und vor zwei Jahren nach Deutschland gekommen ist, um sich um die Kinder ihres Cousins zu kümmern, kann kaum ein Wort Deutsch. Aus Saschas Sicht ist sie dumm, dick, abergläubisch und autoritätshörig, auch wenn sie rührend für die beiden jüngeren Geschwister Anton und Alissa sorgt.

Saschas negative Urteile über Vadim und Maria werden aber an einigen Stellen des Romans indirekt in Frage gestellt. So spricht der verständnisvolle Zeitungsartikel, der Saschas Ärger erregt, von Vadims Reue für den Mord an seiner Frau und ihrem Geliebten. Seine Selbsttötung im Gefängnis deutet tatsächlich auf schwere Schuldgefühle Vadims. Am Ende des Romans findet Sascha unter den Hinterlassenschaften ihres Stiefvaters liebevoll beschriftete Familienfotos – ein Zeichen dafür, dass er seine Frau und seine Kinder, ja selbst seine Stieftochter Sascha auf seine Weise doch geliebt hat. Marinas Erklärung, ihr Mann sei erst so reizbar und schwach geworden, seit er den ganzen Tag vor dem Fernseher sitze und fast nichts verstehe, also seit ihrer Einwanderung nach Deutschland (vgl. S. 61), zeigt Vadim selbst zumindest ein Stück weit als ein Opfer der Umstände, als einen Einwanderer, der mit der neuen Lebenssituation in Deutschland nicht zurechtgekommen ist.

Auch im Falle Marias liefert der Roman manchen Hinweis darauf, dass Saschas harte Urteile über die Personen in ihrem Umkreis oft einseitig sind und der Korrektur bedürfen. So unterstellt Sascha Maria, sie sei nur nach Deutschland gekommen, weil sie gehofft habe, hier ein besseres Leben als in Russland führen zu können (vgl. S. 26). Tatsächlich aber ist Maria bereit gewesen, ihre Heimat zu verlassen, um Verantwortung für die Tat ihres Cousins zu übernehmen und sich um die nur entfernt verwandten Kinder zu kümmern, denen nach der Ermordung ihrer Mutter ein Aufenthalt im Heim drohte. Nachdem Sascha entdeckt hat, dass Maria ein Verhältnis mit ihrem Nachbarn Grigorij hat, gesteht diese ihr erstmals, wie einsam und allein sie sich in Deutschland fühlt. Doch obwohl sie hier unglücklich ist und wegen der Bluttat ihres Cousins selbst von ihren russlanddeutschen Nachbarn im Solitär gemieden wird, also nicht nur in der deutschen Gesellschaft, deren Sprache sie kaum beherrscht, sondern auch im Solitär eine Außenseiterin ist, denkt Maria nicht daran, nach Nowosibirsk zurückzukehren: „Es ist eine Bürde, und ich werde sie tragen. Ich bin nicht so eine, die Kinder im Stich lässt." (S. 88)

Am Beispiel Marias und Vadims wird deutlich, dass Sascha keine zuverlässige Erzählerin ist und dass ihr Blick durch das erlittene Trauma sowie durch eine letztlich auch alterstypische pubertäre Egozentrik verstellt ist. Das Grundgefühl, mit dem sie die Welt um sich herum betrachtet, ist Herablassung und Wut. Der Roman gibt dem Leser immer wieder Anlass, das einseitige Bild, das Sascha von ihren Mitmenschen zeichnet, ihre Schwarz-weiß-Perspektive, zu hinterfragen und partiell zu korrigieren.

Aufgabe 4 **

In einer Szene zu Beginn von *Scherbenpark* macht sich Sascha Gedanken über den Einfluss des Milieus auf den Lebensweg (S. 41: „Wenn ich hier aufgewachsen wäre …" – S. 42: „… wäre ich auch zuversichtlich."). Beschreiben Sie ihren Gedankengang und interpretieren Sie ihn im Kontext des ganzen Romans.

Mögliche Lösung in knapper Fassung:

BESCHREIBUNG

Als Sascha bei Hans und Ingrid, den Eltern des verstorbenen Freundes ihrer Mutter Harry, zu Besuch ist, macht sie sich Gedanken, was aus ihr geworden wäre, wenn sie selbst in einem solchen gutbürgerlichen Haus aufgewachsen wäre. Der Kontrast zu der heruntergekommenen Hochhaussiedlung, in der sie mit ihren jüngeren Geschwistern in der Obhut einer entfernten russischen Verwandten lebt, könnte größer nicht sein. Hans und Ingrid sind liebevolle Eltern, die ihrem Sohn alles geboten haben – und trotzdem ist Harry unglücklich geworden und im Leben letztlich gescheitert.

Hätte sie selbst eine solch behütete Kindheit gehabt, denkt Sascha, wäre sie wohl eine andere geworden. Sie würde sich nicht prügeln, sie würde nicht so viel lernen und sich nicht so anstrengen müssen, um sich und anderen zu beweisen, dass sie etwas wert ist. Sie würde nicht in so billigen Klamotten herumlaufen, und selbst wenn sie es täte, wäre das ihren Mitschülern gleich. Sie hätte keine Angst, so bringt sie es auf den Punkt, und sie wäre zuversichtlicher.

INTERPRETATION

In dem Gedanken, dass Harry trotz der besten Voraussetzungen in seinem Leben nichts richtig gelungen ist, deutet sich bereits an, was Sascha im Verlauf des Romans immer deutlicher erkennt: dass das Milieu zwar gewiss einen Einfluss auf die Persönlichkeit eines Menschen hat, aber letztlich nicht entscheidend für das Lebensglück ist. Der Zeitungsredakteur Volker und sein Sohn Felix etwa, in deren großzügigem Haus Sascha eine Nacht verbringt, führen auf den ersten Blick ein glückliches, sorgenfreies Leben. Felix mangelt es an nichts, und er kann den ganzen Tag lang tun und lassen, was ihm gefällt – ganz anders als Sascha mit ihren zahlreichen familiären Sorgen und Verpflichtungen. Doch die Fassade täuscht. Nach und nach erkennt Sascha, dass der Junge in dem ganzen materiellen Überfluss unglücklich und zudem schwer krank ist. Seit seine Mutter sich vom Vater getrennt hat, verbringt er seine Tage einsam mit Fernsehen und Internet.

Dass das Milieu zwar ein wichtiger Faktor, aber letztlich nicht entscheidend ist, zeigt sich auch an der Entwicklung der Figur Saschas. Während die russlanddeutschen Jugendlichen in ihrer Umgebung Alkohol und Drogen konsumieren und unerreichbaren materiellen Zielen nachhängen, ohne dafür etwas tun zu wollen, erkennt Sascha von Beginn an die Bedeutung von Bildung und Spracherwerb. Ebenso wie sie die Jugendlichen aus ihrem Viertel ablehnt, fühlt sie sich auch unter ihren deutschen Mitschülern, die keine materielle Not kennen und von ihren Eltern überbehütet werden, fremd. Zwischen diesen beiden Welten findet Sascha am Ende ihren eigenen Weg.

LITERATUR

Zitierte Ausgabe:

Bronsky, Alina: *Scherbenpark*. Köln: Verlag Kiepenheuer & Witsch, 2008, 11. Aufl. 2015.

Sekundärliteratur:

Becker, Barbara von: *Überdosis Realität*. In: Frankfurter Rundschau, 3. 9. 2008 → abrufbar unter: www.fr-online.de/literatur/literatur-ueberdosis-realitaet,1472266,3102594.html.

Deistler, Antje: *Ernster Inhalt im lockeren Erzählton.* In: Deutschlandfunk, 16. 12. 2008 → abrufbar unter: www.deutschlandradiokultur.de/gefragter-jungstar-aus-russland.1153.de.html?dram:article_id=181844).

Gruber, Georg: *Gefragter Jungstar aus Russland. Autorin Alina Bronsky schreibt gern über Menschen in ungewöhnlichen Situationen.* In: Deutschlandradio Kultur, 11. 12. 2008 → abrufbar unter: www.deutschlandradiokultur.de/gefragter-jungstar-aus-russland.1153.de.html?dram:article_id=181844.

Höbel, Wolfgang: *Parfum der Gosse.* In: Der Spiegel, Nr. 27/2008, S. 136 → abrufbar unter: www.spiegel.de/spiegel/print/d-57781794.html.

Hugendick, David: *Saschas Lieben. Gequassel im Hochhausviertel: Alina Bronskys Roman „Scherbenpark" erzählt aus dem Hartz-IV-Milieu, liefert aber nur Kulissen.* In: DIE ZEIT,10. 10. 2008 → abrufbar unter: www.zeit.de/2008/42/L-Bronsky.

Jungen, Oliver: *Eine Zeit zum Steinewerfen*. In: Frankfurter Allgemeine Zeitung, 1. 10. 2008 → abrufbar unter: www.faz.net/aktuell/feuilleton/buecher/rezensionen/belletristik/alina-bronskys-scherbenpark-eine-zeit-zum-steinewerfen-1710097.html?printPagedArticle=truepageIndex_2.

Leister, Judith: *Im Russenghetto.* In: Neue Zürcher Zeitung, 15. 10. 2008 → www.nzz.ch/im-russenghetto-1.1108323.

Magenau, Jörg: *Jede Familie ist eine Naturkatastrophe.* In: Süddeutsche Zeitung, 15. 9. 2008.

Meier-Ewert, Lavinia: *Jenseits der Coolness.* In: taz, 29. 11. 2008 → abrufbar unter: www.taz.de/1/archiv/print-archiv/printressorts/digi-artikel/?ressort=li&dig=2008%2F11%2F29%2Fa0198&cHash=b09ea038783de542e52d5a5b25b7f499.

Schmidt, Sabine: *Erfahrungen mit einem anderen Land.* In: buchjournal, Nr. 4/2010, S. 12–15.

Spreckelsen, Tilman: *Wie man im Rudel überlebt. Vom Straßenkind zur Revolutions-Ikone: Alina Bronsky setzt mit „Spiegelriss" ihre Geschichte vom Mädchen Juli fort, das in einer zerstörten Welt niemandem vertrauen kann.* In: Frankfurter Allgemeine Zeitung, 11. 1. 2013 → abrufbar unter: www.faz.net/aktuell/feuilleton/buecher/rezensionen/kinderbuch/alina-bronskys-jugendroman-spiegelriss-wie-man-im-rudel-ueberlebt-12021988.html.

Übergreifende Darstellungen:

Bund, Eva / Worbs, Susanne u. a.: *(Spät-)Aussiedler in Deutschland. Eine Analyse aktueller Daten und Forschungsergebnisse.* Forschungsbericht Nr. 20. Hrsg. v. Bundesamt für Migration und Flüchtlinge. Nürnberg 2013 → abrufbar unter: www.bamf.de/SharedDocs/Anlagen/DE/Publikationen/Forschungsberichte/fb20-spaetaussiedler.pdf?__blob=publicationFile.

Dalos, György: *Von Heimat zu Heimat. Sie wurden als fleißige Bauern geholt und als vermeintliche Spione verfolgt: Die Russlanddeutschen und ihr Leben zwischen zwei Vaterländern.* In: ZEIT Geschichte, Nr. 3/2015 → abrufbar unter: www.zeit.de/

zeit-geschichte/2015/03/russlanddeutsche-auswandern-erster-weltkrieg-perestroika.

Dietz, Barbara/Roll, Heike: *Jugendliche Aussiedler. Porträt einer Zuwanderergeneration.* Frankfurt a. M., New York: Campus Verlag, 1998.

Henneke, Mechthild: *„Die nächste Prügelei ist an einem Nazi-Feiertag". Ein Gespräch mit rußlanddeutschen Jugendlichen über ihren Alltag in Marzahn und den Kleinkrieg mit gleichaltrigen Deutschen.* In: Berliner Zeitung, 11. 3. 1997 → abrufbar unter: www.berliner-zeitung.de/ein-gespraech-mit-russlanddeutschen-jugendlichen-ueber-ihren-alltag-in-marzahn-und-den-kleinkrieg-mit-gleichaltrigen-deutschen–die-naechste-pruegelei-ist-an-einem-nazi-feiertag–16372866.

Hübner, Klaus: *Eine unübersehbare, kulturelle Vielfalt. Migrantenliteratur in Deutschland.* In: Goethe-Institut, Online-Redaktion, März 2008 → abrufbar unter: www.goethe.de/ins/ma/de/rab/kul/mag/ltr/3151492.html.

Mediendienst Integration: *Wie geht es den Aussiedlern in Deutschland?* Studie des Bundesamtes für Migration und Flüchtlingen, 21. 8. 2014 → abrufbar unter: https://mediendienst-integration.de/artikel/aussiedler-spaetaussiedler-russlanddeutsche.html.

Savoskul, Maria: *Russlanddeutsche in Deutschland. Integration und Typen der ethnischen Selbstidentifizierung.* In: Ipsen-Peitzmeier, Sabine/Kaiser, Markus (Hrsg.): Zuhause fremd. Russlanddeutsche zwischen Russland und Deutschland. Bielefeld: transcript Verlag, S. 197–221.

Schneider, Jan: *Die Geschichte der Russlanddeutschen. Grundlagendossier Migration.* In: Bundeszentrale für politische Bildung, 15. 3. 2005 → abrufbar unter: www.bpb.de/themen/AA1Q8R,4,0,Die_Geschichte_der_Russlanddeutschen.html.

Internetadressen (Interviews, Autorenporträts):

http://www.kiwi-verlag.de/autoren/interviews/im-interview-alina-bronsky.html?s=bronsky

→ Alina Bronsky im Interview mit ihrem Verlag Kiepenheuer & Witsch

http://www.kiwi-verlag.de/videos-und-buchtrailer/videoportraet-alina-bronsky

→ Porträt der Autorin Alina Bronsky auf der Website des Verlags Kiepenheuer & Witsch

http://www.goethe.de/ins/il/lp/kul/mag/lit/de4012494.htm

→ Interview mit Alina Bronsky auf der Seite des Goethe-Institutes, Israel vom Dezember 2008

Alle Links: Stand August 2016.

Verfilmungen:

Scherbenpark.

Regie: Bettina Blümner. Deutschland 2013.

STICHWORTVERZEICHNIS